INHALT

Manchmal muss man ein bisschen verrückt sein oder: Von kleinen und großen Siegen

Da steigen Leute auf die höchsten Berge des Himalaja-Gebirges, „sammeln" 8000-er-Gipfel als Trophäen – und müssen sich dann vom Hubschrauber retten lassen. Andere joggen in kurzen Hosen auf die Zugspitze und brechen wegen plötzlichen Kälteeinbruchs ab oder gar zusammen – und bringen dabei sich und andere in Lebensgefahr.

Kopfschüttelnd lese ich davon in meiner Zeitung, morgens am Frühstückstisch bei einer gemütlichen Tasse Kaffee. „Das würde ich ja nie schaffen!", denke ich nicht. Ich habe nur ein mitleidiges Kopfschütteln übrig: „Die sind ja echt verrückt!" Und wieder einmal frage ich mich: „Warum machen Menschen so etwas bloß?!" Eine Antwort ist sicherlich diese adrenalinhaltige Mischung aus „Ich zeig's euch" und „Ich zeig's mir", die Menschen antreibt, an ihre Grenzen zu gehen und manchmal eben auch einen Schritt darüber hinaus.

„Ihr seid doch verrückt!" Das waren die klaren Worte meiner Mutter, als ich ihr vor mehr als fünfzehn Jahren offenbarte, was unsere Familie vorhatte: Zu unseren vier Kindern und unserem fünften Kind im meinem Bauch wollten wir ein weiteres Kind adoptieren. Ein siebenjähriger Junge aus Russland wartete schon in einem Kinderheim darauf, von uns abgeholt zu werden. Wenn ich vorgehabt hätte, schwanger auf die Zugspitze zu joggen, hätte meine (ich gebe ja zu, aus gutem Grund besorgte) Mutter das wahrscheinlich gelassener aufgenommen und charmanter kommentiert.

„Ihr wart aber mutig!" Diesen Satz habe ich seitdem oft gehört, wenn Menschen neugierig nachfragten: „Wie – vier Adoptivkinder?! Und es waren keine Babys dabei? Die waren schon so alt, als sie zu Ihnen kamen?! Ach, und dann haben Sie noch zwei leibliche bekommen? Mannomann, das ist aber mutig, Frau Filker!" Freundlich klopft man mir auf die Schulter, und wieder einmal spüre ich den leichten Beigeschmack von „Na, ein bisschen verrückt sind die ja. Ich hätt' so was nie gemacht."

Andere betrachten uns kopfschüttelnd, so wie ich Extremsportler betrachte. Dabei fanden mein Mann und ich unsere Entscheidungen damals weder verrückt noch besonders mutig, und risikofreudig bin ich eigentlich auch nicht. Für uns war das – wie sagt man so schön: einfach dran.

Und doch verbindet uns etwas mit den Extremsportlern: Niemand hat uns gezwungen. Wir haben unsere Entscheidungen ganz freiwillig getroffen. Auch in diesem Buch lesen Sie von vielen freiwilligen und ein bisschen wagemutigen Erfahrungen: Heiraten gegen den erklärten Willen der Verwandtschaft. Eine Geschäftsidee in die Tat umsetzen, obwohl alle sagen: „Das klappt doch nie!" Einer Sucht den Kampf ansagen. Einer Ehe, die alt und hohl geworden ist, nach dramatischen Krisen und schmerzhafter Selbsterkenntnis neuen Schwung geben …

Aber da sind auch die anderen, die, die keine Wahl hatten, die nie beschlossen haben, „diesen Berg zu erklimmen". Auch sie kommen in diesem Buch zu Wort: Da bewältigt eine Frau auf beeindruckende Weise ihren Alltag, gründet eine Familie und freut sich ihres Lebens, obwohl sie ohne Hände zur Welt gekommen ist. Da wird aus einem verwahrlosten und missbrauchten Mädchen aus „bildungsferner Schicht" eine Frau, die weiß, was sie will, und das auch erreicht. Und da überwindet eine Frau die Magersucht, weil ein einziger Satz eine Wende in ihrem Leben auslöst.

Viele dieser Lebensgeschichten sind hart. Aber keine endet in Verzweiflung oder Resignation. Alle Geschichten, die dieses

Buch erzählt, machen Mut, lassen staunen, zeigen, dass das Leben ein Geschenk ist, machen dankbar. Es sind die Geschichten vieler kleiner und großer Siege.

Ich danke allen Frauen, die ein Fenster in ihr Leben geöffnet haben, um Sie, die Leserinnen, hineinschauen zu lassen. Vielleicht entdecken Sie ja auch etwas von Ihrer Geschichte darin?

Mich jedenfalls hat jede dieser Geschichten bereichert.

Eine gute Brise Rückenwind wünscht Ihnen

Claudia Filker

Bettina Landmann
(Name geändert)

Paarlauf mit Hürden

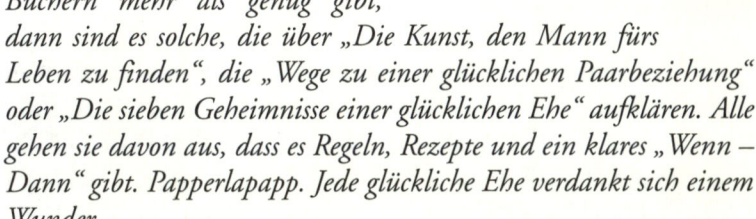

Wenn es von irgendeiner Art von
Büchern mehr als genug gibt,
dann sind es solche, die über „Die Kunst, den Mann fürs
Leben zu finden", die „Wege zu einer glücklichen Paarbeziehung"
oder „Die sieben Geheimnisse einer glücklichen Ehe" aufklären. Alle
gehen sie davon aus, dass es Regeln, Rezepte und ein klares „Wenn –
Dann" gibt. Papperlapapp. Jede glückliche Ehe verdankt sich einem
Wunder.

Bettina Landmann (44) ist gelernte Arzthelferin. Seit sie vor zwan-
zig Jahren aus ihrem Beruf ausgeschieden ist, engagiert sie sich ehren-
amtlich für Kinder und Jugendliche. Sie lebt mit ihrem Mann, drei
Hunden und zwei Kakadus in Hanau.

„Fräulein Berger", wissen Sie schon, was Sie in Ihrem Urlaub machen?"

Ich war 23, wohnte bei meinen Eltern und hatte mich gerade
von meiner Jugendliebe getrennt, als mein Chef mir diese Frage
stellte. Dass er „Fräulein" sagte, war typisch für ihn. Er meinte es
nicht ironisch, es war einfach sein Stil: gediegen, wohlerzogen, etwas distanziert. Und vor allen Dingen war es wohl eine Frage der
Generation, immerhin war er 24 Jahre älter als ich.

„Nein, ich habe keine Ahnung, aber bis dahin sind es ja auch
noch zwei Wochen."

„Fahren Sie mit mir in Urlaub!"

Das ist jetzt ein Film, durchfuhr es mich. Und du bist mitten
in der kitschigsten Szene: Gut aussehender, groß gewachsener
Arzt mit eigener Praxis fragt schüchterne, junge Arzthelferin, ob
sie für immer an seiner Seite glücklich werden will. Aber nein, das

9

hatte er ja gar nicht gefragt. Es ging ja „nur" um einen Urlaub. Also eher so etwas wie ein unmoralisches Angebot? Das sähe ihm aber gar nicht ähnlich. Seit dem Tod seiner Frau vor eineinhalb Jahren lief mein Chef niedergeschlagen und fahrig durch die Praxis. Ein unternehmungslustiger Casanova, der sich als Lover für einen Urlaub anbot, sah anders aus.

Ich antwortete nicht, sondern schaute angestrengt auf die Anmeldebögen vor mir. Er verließ den Raum.

Zwei Wochen später fuhren wir in den ersten von inzwischen mehr als zwanzig Urlauben in der Bretagne – zu dritt: Auf der Rückbank lag ein großer Berner Sennhund, den mein Chef mit seiner Frau liebevoll erzogen hatte und der jetzt so etwas wie sein Lebensgefährte war. Es war ein schöner Urlaub. Aber er hatte nichts von einer leichten Sommer-Romanze. Was ich gerüchteweise gehört hatte, stimmte: Die Frau meines Chefs war durch Selbstmord gestorben. Depressionen? Borderline? Was auch immer es gewesen war, er hatte schwierige Jahre hinter sich und Erfahrungen gemacht, die er nicht einfach abstreifen konnte.

Und noch etwas warf einen Schatten auf unsere zaghaft beginnende Beziehung, Reinhard sagte es mir, kaum dass wir in Frankreich angekommen waren (immerhin sagte er nicht mehr „Fräulein Berger", und ich nannte ihn nicht mehr „Herr Dr. Landmann"): „Bevor wir irgendetwas miteinander ‚anfangen', musst du eine Sache wissen. Ich will nicht, dass du dir falsche Vorstellungen von unserer Zukunft machst. Ich hatte als kleiner Junge Mumps, eine Hodenentzündung kam dazu, das heißt: Ich bin zeugungsunfähig. Du bist noch jung. Mit mir wirst du keine Kinder bekommen können."

Er hatte die klare Art eines Arztes, der ohne Umschweife eine schwer zu ertragende Diagnose mitteilt. Und doch war es der Anfang einer Liebesgeschichte. Einer richtigen, echten Geschichte von Zuneigung, Verstehen, von Mitdenken, Mittragen, von gegenseitigem Respekt, ja, einfach eine Liebesgeschichte. Aber nicht das Rührstück, an das ich im ersten Moment gedacht hatte. Das wurde mir schon in der Bretagne klar, aber deutlicher und härter noch nach unserer Rückkehr aus dem Urlaub. Kaum waren wir in der Praxis, spürten wir, dass uns ein eisiger Wind entgegenwehte. „Der Doktor und sein Flittchen sind wieder da." Manche sagten es, manche dachten es nur.

Ich hörte es trotzdem. Nicht nur in der Praxis, auch in der Nachbarschaft, in Reinhards Familie – überall war ich jetzt „dieses dreiste kleine Ding, das sich dem Doktor an den Hals geschmissen hat". Am Anfang gaben wir uns Mühe, die Vorurteile aus dem Weg zu räumen, aber wir ließen es bald sein. Es hatte keinen Sinn. Wir gerieten trotzdem in die Isolation. Für meinen alten Freundeskreis war Reinhard ein Grufti, mit dem sie nichts anzufangen wussten. Für Reinhards alten Freundeskreis war ich ein junges Dummerchen, das nicht in ihre akademischen Kreise passte.

Am Anfang gaben wir uns Mühe, die Vorurteile aus dem Weg zu räumen, aber wir ließen es bald sein. Es hatte keinen Sinn. Wir gerieten trotzdem in die Isolation.

Als wir zwei Jahre nach unserem ersten Bretagne-Urlaub heirateten, zementierten wir unsere Isolation. Schon die Hochzeit selbst war eher ein trotziger Akt als ein rauschendes Fest: Polterabend, Standesamt, Essen gehen im kleinen Kreis, das war's.

Weil ich auf die ewigen Kämpfe und Sticheleien in der Praxis keine Lust mehr hatte, gab ich bald nach der Hochzeit meine Stelle auf. Außerdem gab es zu Hause genug zu tun: Reinhard hatte einen großen Hof geerbt, der schon lange nicht mehr landwirtschaftlich bewirtschaftet wurde und dessen Umbau eine riesige und über Jahre dauernde Baustelle bedeutete. Viel Engagement und jemand mit einem „Händchen" für die Handwerker waren gefordert. Ich stürzte mich hinein und machte es gern – und blieb doch in den Augen meiner Schwiegermutter „die unwürdige Erbin". Ich machte lange Spaziergänge mit unserem Hund – wenn wir Leute trafen, die uns kannten, wurde mein Gruß nicht erwidert. Ich kannte längst das Gerücht, das über mich umlief: Die junge Arzthelferin ist schuld am Tod von Dr. Landmanns erster Frau. Sie hat ihn verführt, seine Frau hat von der Affäre erfahren, und dann hat sich die Arme in ihrer Verzweiflung umgebracht! Unsere Putzhilfe, die auch meiner Schwiegermutter im Haushalt half, hatte dieses Gerücht in Umlauf gebracht und verbreitete es eifrig. Ich hatte sie entlassen, aber wenn ein Gerücht einmal in der Welt ist, lässt es sich nicht mehr aufhalten.

Manchmal war ich wütend, aber oft nur resigniert. Trost und Aufmunterung fand ich in Dingen, für die ich jetzt Zeit und zu denen ich in meinem neuen Leben auch zum ersten Mal Zugang hatte. Ich las viel und sog alles in mich hinein, was mein „Bildungsloch" stopfen konnte. Und ich begann zu malen. Reinhard hatte nach dem Tod seiner ersten Frau das Malen für sich entdeckt, und der ehemalige Kuhstall unseres noch nicht fertig renovierten Hofes bot sich auch für mich als Atelier an. Hier konnte ich ruhig wochenlang alles stehen und liegen lassen, bis ein Bild fertig war. Als ein Kreis von Malern und anderen Künstlern nach der Kündigung ihrer Räume in Frankfurt heimatlos wurde, zogen sie mit allen Utensilien zu uns – ein erster Schritt aus unserer Isolation. Auch auf andere Weise kam jetzt Leben in unseren Hof: Nach und nach wurde ich zur Ersatzmama, Ersatzbusenfreundin und Ersatznachhilfelehrerin für eine Reihe von Kindern aus schwierigen Verhältnissen. Von der nahen Hochhaussiedlung schien es sie magisch zu unserem Hof zu ziehen. Ich selbst bin nicht gerade in „bildungsfernen Schichten" groß geworden, aber doch in „kleinen Verhältnissen", wo nicht jede Art der Förderung und Begleitung als „normal" vorausgesetzt wird und „sowieso läuft". Vielleicht hatte ich deshalb von Anfang an einen Draht zu diesen Kindern. Dass jemand Zeit für sie hatte, ihnen Aufmerksamkeit schenkte, geduldig zuhörte, diese „normalen" Dinge sogen sie auf wie ein trockener Schwamm das Wasser. Und mir machte es Freude und half es aus der Rolle der kinderlosen „Geächteten", die ich seit acht Jahren spielte.

Ich war Anfang dreißig, als meine Schwester so stark an Magersucht erkrankte, dass wir als Familie Angst um ihr Leben bekamen. Ich ging in die Buchhandlung und kaufte alle „Psycholiteratur", die mir Hilfe zu versprechen schien. Ich las und las, aber ich fand keine Antwort, die auf die Situation meiner Schwester und unserer Familie passte. Schließlich ging ich noch einmal zur Buchhandlung. Aber ich kaufte keinen weiteren Ratgeber, sondern eine Bibel, genauer gesagt: eine Bibel in der Einheitsübersetzung, außerdem eine sogenannte Stille-Zeit-Bibel, eine Stuttgarter Erklärungsbibel und dazu noch einen ökumenischen Bibelkalender mit einer Andacht für jeden Tag. Wenn schon, denn schon. Ich wollte die Sache gründlich angehen, denn nirgends war meine Unkenntnis so groß wie auf religiösem Gebiet. Als Kind einer überzeugten „roten" Mutter und eines in Religionsfragen uninteressierten Vaters war ich noch nicht einmal getauft. Als ich mit meinem Stapel Bücher an der Kasse stand, fühlte ich körperlich spürbar meine Mutter im Nacken. „Das Christentum verquirlt den Leuten das Hirn", hatte sie immer gesagt. Und ich stand hier mit meinen Bibeln …

Als ich mit meinem Stapel Bücher an der Kasse stand, fühlte ich körperlich spürbar meine Mutter im Nacken. „Das Christentum verquirlt den Leuten das Hirn", hatte sie immer gesagt.

Sechs Jahre lang las ich in der Bibel, jeden Tag, nur für mich. Die Patentlösung für die Probleme meine Schwester fand ich nicht, aber mein Blick aufs Leben änderte sich. Je länger ich las, desto mehr wuchs ein positives Lebensgefühl in mir.

Dann gingen Reinhard und ich zum ersten Mal gemeinsam in einen Gottesdienst. Es war Heiligabend, und der Gottesdienst war einfach wunderschön. Die Bibeltexte, die ich jetzt schon gut kannte, dazu diese Musik, die ganze Atmosphäre … „Da gehen wir jetzt jeden Sonntag hin", beschloss ich – und mein Mann stimmte zu. Zwei Jahre lang besuchten wir regelmäßig die Gottesdienste der Kirchengemeinde, zu deren Bezirk wir gehörten. Sie waren nichts Besonderes, es gab gute und weniger gute Predigten, die wenigen Besucher verteilten sich über viele Bänke, der Chor sang selten …, aber dennoch waren diese Sonntagmorgende für uns eine Oase. Was ich in der Bibel gelesen hatte, wurde in einen Zusammenhang gestellt, mir ging das „große Ganze" auf. Mein Glaube wuchs. Seltsam war nur, dass uns in diesen zwei Jahren kaum jemand grüßte oder ansprach. Taten die Gerüchte über uns auch in der Kirche ihre Wirkung? Wir dachten lieber nicht darüber nach.

Aber dann sollte ein neuer Kirchenvorstand gewählt werden. „Der Herr Dr. Landmann ist doch ein ganz treuer Kirchgänger!", hieß es jetzt, und schon wurde mein Mann gefragt, ob er bereit sei zu kandidieren. Ein Arzt mit stadtbekannter, großer Praxis schmückt doch jede Namensliste. Reinhard sagte tatsächlich zu, wurde gewählt und ist bis heute eine Säule der Gemeindeleitung. Mich zu fragen, war überhaupt niemandem in den Sinn gekommen. Ich machte mir nichts draus, jedenfalls versuchte ich es. Stattdessen machte ich mit unserem Pfarrer einen Tauftermin aus. 38 ist ein gutes Alter, um sich taufen zu lassen, fand ich. Mitten im Leben, weder im jugendlichen Überschwang noch aus Angst vor dem Ende, ein Alter, in dem man eine erste Zwischenbilanz zieht. Genau an diesem Punkt wollte ich mein Leben ganz offiziell und öffentlich neu aus Gottes Hand nehmen. Wir waren drei Täuflinge: ein Säugling, eine 13-Jährige und ich. Der Pfarrer stöhnte, als ich ihm sagte, welchen Taufspruch ich mir ausgesucht hatte: Römer 12,2: „Stellt euch nicht dieser Welt gleich, sondern verändert euch durch die Veränderung eures Sinnes, damit ihr prüfen könnt, was Gottes Wille ist, nämlich das Gute und Wohlgefällige und Vollkommene." – „Warum denn so ein langer und komplizierter? Gefällt Ihnen nicht auch ein einfacherer?" Nein, ich wollte genau diesen, denn der Römerbrief war schon lange eine meiner Lieblingslektüren. So wie im 12. Kapitel wünschte ich mir die Kirche: ein bunter Haufen von Menschen, die sich verändern, wandeln, wachsen, Gaben und Aufgaben teilen.

Schon bald stellte ich fest, dass ich in der Kirche tatsächlich eine Begabung einbringen konnte, von der ich bis dahin noch gar wusste, dass ich sie besaß. Nach einem Gottesdienst sprach mich eine Frau an: „Sie singen doch so gut – warum sind Sie nicht im Kirchenchor?" Ja, warum? Ich ging hin, und wieder tat sich mir eine neue Welt auf: Bach, Mozart, Mendelssohn, Brahms … Mir war alles neu, jedes Stück war für mich eine Entdeckung, auch wenn die „alten Hasen" im Chor es schon auswendig sangen. Zu Hause hörte ich die Kantaten, Passionen und Oratorien auf CD, befasste mich mit den Texten und mit der Geschichte jedes einzelnen Werks. Was für ein Reichtum! Von dieser riesigen Schatzkiste hatte ich gar nichts gewusst!

Nach einem Gottesdienst sprach mich eine Frau an: „Sie singen doch so gut – warum sind Sie nicht im Kirchenchor?" Ja, warum? Ich ging hin, und wieder tat sich mir eine neue Welt auf.

Parallel dazu wurden „meine Kinder" so etwas wie die Quasi-Jugendgruppe der Gemeinde, denn dort gab es keine Jugendarbeit. Ich begann beim Konfirmandenunterricht mitzuarbeiten, stellte eine Kinderbibelwoche auf die Beine … Nicht immer war mein Engagement gern gesehen. Aber ich blieb hartnäckig. Warum sollte man diesen Kindern verweigern, wonach sie ganz offensichtlich eine große Sehnsucht hatten? Nicht nur unser Hof sollte ihnen offen stehen, auch die Kirche.

Als unser 20. Hochzeitstag nahte, hatten wir eine Idee: Wir wollten unsere Hochzeit noch einmal feiern, genau am 20. Hochzeitstag. Aber jetzt „richtig", mit einer kirchlichen Trauung. Nicht als Triumphzug, als „Seht her, wir haben es doch geschafft!"-Demonstration, aber doch als ein großes Ausrufezeichen: „Ja, wir lieben uns wirklich, wir bleiben zusammen, und wir stellen unsere Ehe jetzt bewusst unter den Segen Gottes."

Es wurde ein wunderschönes Fest. Auch wenn meine Geschwister und Reinhards Bruder nicht kamen und meine Schwiegermutter es nicht mehr erleben konnte. Aber meine Eltern, „meine" Jugendlichen, der Chor und das gesamte Praxisteam feierten mit. Wenn es nicht so abgegriffen und kitschig klingen würde, könnte ich schreiben: Es war der schönste Tag meines Lebens. Auf jeden Fall war es ein riesiges Geschenk und ein unglaubliches Gefühl, dazustehen und zu wissen: Ja, der Weg war nicht leicht, aber es war genau der richtige.

Wenn es nicht so abgegriffen und kitschig klingen würde, könnte ich schreiben: Es war der schönste Tag meines Lebens.

Die Widerstände der letzten zwanzig Jahre hatten uns enger zusammengeschmiedet. Vielleicht hatten sie unsere Ehe überhaupt erst richtig romantisch gemacht. Aber es war immer auch etwas von „Bettina und Reinhard gegen den Rest der Welt" dabei. Damit war am Tag unserer Hochzeit für alle sichtbar Schluss.

Damit niemand glaubt, unser Leben bestünde seitdem nur noch aus Sonnenschein und Wohlgefallen, muss ich eine kleine Geschichte anfügen:

Eines Tages, es ist gar nicht so lange her, betrat meine Putzhilfe den Bäckerladen in unserer Nachbarschaft. „Ach, Frau Greiner, ist es nicht furchtbar!?", wurde sie begrüßt. „Dass die junge Frau Landmann genau so umkommen musste wie die erste Frau Landmann!" Meine Putzhilfe wollte gerade sagen: „Aber ich hab sie doch eben noch gesehen!", da fiel ihr die Bäckerin schon ins Wort: „Aber mal ganz ehrlich: So traurig es ist – ich hab es immer gewusst!"

Als Frau Greiner mir die Geschichte erzählte, schauten wir uns erst mit großen Augen an – und dann lachten wir beide schallend los.

Ja, ich lebe noch. Das „junge Ding" hat schon einige graue Haare bekommen. Und liebt immer noch seinen „alten Doktor".

Gesprächsprotokoll: Hanna Schott

Sandra Ringstett (Name geändert)

Mama! Mama!

„Mütterlich" ist für die meisten Menschen ein anderes Wort für „liebevoll, fürsorglich, immer da".
Für Sandras Mutter traf keine dieser Eigenschaften zu. Sie überließ ihr Kind der Verwahrlosung und schickte es damit auf eine lebenslange Reise auf der Suche nach einer „echten" Mutter. Eine Reise mit schlechten Aussichten. Aber einer glücklichen Ankunft.

Sandra Ringstett (35) ist Betriebswirtin und lebt in Hamburg.

Ich, eine 33 Jahre alte Frau, sitze am Krankenbett meiner Oma. Genau genommen ist sie gar nicht meine Oma. Sie ist eine Christin, die mich in ihr Heim und in ihr Herz aufgenommen hat, als ich 18 Jahre alt war. Aber sie hat das Alter, in dem meine leibliche Oma jetzt wäre, und es war ihr Wunsch, dass ich sie so nenne: meine Oma. Oma liegt im Bett und ist sehr krank – unheilbar krank. Nur noch selten ist sie klar im Kopf. Ich bin von weit her angereist, um die halbe Weltkugel, damit ich sie ein letztes Mal sehen und vielleicht auch mit ihr sprechen kann. „Komm schnell", hatte meine „Tante", ihre Tochter, am Telefon gesagt, „Es dauert nicht mehr lange."

Unser Leben beginnt in einer Mutter. Vielleicht ist dies der Grund dafür, dass viele Menschen ein Leben lang an ihrer Mutter hängen, selbst dann, wenn ihre Mutter sie schlägt, quält und demütigt. Auf der Suche nach einer Frau, die meine Mutter sein wollte, war ich immer. In der Kindheit habe ich sie in meiner biologischen Mutter gesucht – das Natürlichste der Welt. Später habe ich sie in anderen Frauen gefunden.

Meine Eltern ließen sich scheiden, als ich 13 Monate alt war.

17

Ich lebte bei meiner Mutter, denn ihr war bei der Scheidung, wie damals üblich, das Sorgerecht zugesprochen worden. Sie musste arbeiten, um Geld für uns zu verdienen.

Ich habe mich oft "weggedacht" aus meinem wahren Leben, bin mit meinen Gedanken auf Wanderschaft gegangen. Ich war ein stilles Kind. Laut Auskunft meiner Mutter war ich schon als Baby sehr ruhig. In meinen ersten Schulzeugnissen steht durchweg: "Sandra ist ein sensibles und verträumtes Kind." Und tatsächlich: Ich habe mich oft "weggedacht" aus meinem wahren Leben, bin mit meinen Gedanken auf Wanderschaft gegangen. Und auf diesen Gedankenreisen habe ich mich viel mit meiner Zukunft beschäftigt.

Gott sei Dank – ja, das ist wörtlich gemeint – weiß ich nicht mehr viel über meine Kindheit. Ich erinnere mich nur an Einzelheiten, und hier schreibe ich nur das auf, was auch in Gerichtsakten belegt ist.

Es gibt Erinnerungen an Orte in meinem Leben, die ich nicht mehr gern besuche. Dies zum Beispiel ist ein hässlicher Ort: Ich bin vier Jahre alt und allein zu Hause. Es ist dunkel, Nacht. In unserer Wohnung gibt es keine Toilette – sie befindet sich „auf halber Treppe" unter unserer Wohnung. Das war in Altbauten großer Städte vor dreißig Jahren so üblich. Meine Mutter hat mich um 18 Uhr ins Bett gelegt und ist danach in die Kneipe gegangen. Ich wache auf, weil ich aufs Klo muss – ich muss „groß". Aber wo ist mein Töpfchen? Meine Mutter hat vergessen, es mir hinzustellen. Ich gehe zur Wohnungstür, rüttele daran in der Hoffnung, dass sie aufgeht und ich zum Klo kann. Aber die Tür ist verschlossen. Ich kneife die Pobacken zusammen und fange an zu weinen. Nach einer Weile beginne ich zu rufen: „Mama, Mama!" Keine Antwort. Meine Rufe werden zu einem verzweifelten Schreien, weil ich merke, dass ich bald nicht mehr an mich halten kann. Die Nachbarin wird wach und kommt an unsere Wohnungstür, fragt, was denn sei. Ich sage: „Ich muss so furchtbar, und meine Mutter ist nicht da und mein Töpfchen auch nicht!" Die Nachbarin rüttelt an der Tür, kann sie aber von außen auch nicht aufmachen. „Kind, ich weiß nicht, was ich machen soll", höre ich sie sagen. Da passiert es. Ich kann nicht mehr an mich halten und mache meine Pyjamahose voll. Langsam läuft es an meinen Beinen herab, fällt es in meine Hose. Mein Weinen verstummt. Große Scham und Ekel vor mir selbst erfüllen mich. Ich wende mich von der Tür ab und ziehe, als ich fertig bin, meine Pyjamahose aus, rolle sie zusammen, lege sie in eine Ecke meines Kinderzimmers. Dann gehe ich ins Bett und wickele mich in meine Decke. Ich weine mich in den Schlaf. Die Nachbarin fragt noch eine Weile nach mir, aber ich antworte nicht. Am nächsten Tag erstattet sie anonym Anzeige gegen meine Mutter.

Der nächste Ort. Es ist das Treppenhaus. Ich war den Tag über bei meinem Vater zu Besuch – einmal im Monat darf ich zu ihm. Ich bin nun fünf Jahre alt. Wir haben einen tollen Tag gehabt, mein Papa und ich. Mein Vater ist lieb zu mir, und ich liebe es, bei ihm zu sein. Heute hat er mir ein besonderes Geschenk gemacht: ein Plüschkissen in Form eines hellblauen Bärengesichts. Der Bär hat die Augen geschlossen, schläft. An seiner Seite befindet sich eine Schnur. Wenn man an ihr zieht, ertönt eine Spieluhr. Während des Mittagsschlafs habe ich mit dem Kopf auf dem Bären gelegen und unzählige Male an der Schnur gezogen. Statt zu schlafen habe ich der Melodie gelauscht. So dicht habe ich mein Ohr an den Bären gepresst, dass ich die mechanischen Teile klicken hören konnte. Was für ein wunderbarer Bär! Und nun stehe ich im Treppenhaus vor unserer Wohnungstür. Mein Papa steht hinter mir, meine Mutter in der Tür vor mir. „Was ist das?", fragt meine Mutter meinen Vater barsch und zeigt auf das Bärengesicht. Ich antworte glücklich: „Das hat mir Papa geschenkt!" und will ihr den Bären zeigen. Meine Mutter reißt ihn mir aus der Hand und schmeißt ihn meinem Vater zu Füßen. „Das darfst du nicht! Du darfst ihr nichts schenken!", brüllt sie. Ich schaue meinen Vater an, kann seine Gesichtszüge aber nicht interpretieren. Seine Stimme klingt wütend. Meine Eltern schreien sich im Treppenhaus an. Meine Mutter zieht mich schließlich in die Wohnung, zerrt mich in mein Zimmer und sperrt mich dort ein. Kurze Zeit später höre ich die Wohnungstür zuschlagen. Meine Mutter geht wieder in die Kneipe, wie fast jeden Abend. Ich ziehe mich um und gehe ohne Essen ins Bett, weine und rede mit Gott. Ich spüre, wie seine Gegenwart mein Zimmer erfüllt. Mir wird warm, und ich höre auf zu weinen und schlafe ein.

Über uns wohnt eine ältere Nachbarin, die sehe ich manchmal im Treppenhaus. Sie lächelt mich dann so freundlich an und fragt, wie es mir geht. Ich lächele scheu zurück. Eines Tages gehe ich zu ihr hoch, klingele und frage, ob ich sie besuchen darf. Ich darf. Sie bittet mich herein, ich darf mit ihr Plätzchen essen, und sie liest mir etwas vor. Es ist der Beginn einer wunderbaren Freundschaft. Die Nachbarin erzählt mir von ihren Kindern und von Enkeln, die so alt sind, wie ich, aber weit weg wohnen – in den USA.

Einmal spiele ich auf dem Rückweg von der Schule an einem Tümpel. Es ist Winter und der Tümpel ist mit Eis überzogen. Es ist aber zu dünn und trägt mich nicht. Ich breche bis zu den Knien ein. Schnell laufe ich nach Hause und klingele bei meiner Nachbarin. Sie zieht mich aus, macht mir ein warmes Bad, trocknet meine Sachen auf der Heizung. Ich fühle mich geborgen.

Ein Jahr später wird meine Nachbarin schwer krank: Sie hat Krebs. Die Haare fallen ihr aus. Ich darf ihr die Perücke abnehmen und den Kopf streicheln. Als sie kurze Zeit später stirbt, trauere ich lange.

Die Schule wird mein Zufluchtsort. Meine Lehrerinnen und Lehrer sind nett zu mir. Die anderen Kinder mag ich nicht so gern.

Die Schule wird mein Zufluchtsort. Ich lerne dort viel Neues und Spannendes. Meine Lehrerinnen und Lehrer sind nett zu mir. Die anderen Kinder mag ich nicht so gern. Sie ärgern mich immer, weil ich anders aussehe als sie. Ich werde nämlich nicht so oft gewaschen, meine Haare sind immer fettig, meine Kleidung ist schmutzig und hat Risse. Ich stinke. Die anderen Kinder nennen mich mit blöden Namen, und ich darf nicht mit ihnen spielen. Ich lache nicht so viel wie sie. Ich kann mich in der Pause und im Sportunterricht nicht so geschickt bewegen wie sie. Ich darf ja nicht so viel raus an die frische Luft, muss allein zu Hause bleiben. Freunde darf ich nicht mit nach Hause bringen – meine Mutter arbeitet immer bis 17 Uhr, und dann ist sie nur kurz in der Wohnung. Sie geht ja abends weg.

Meine Religionslehrerin bemerkt nach der Pause, dass ich geweint habe. Sie nimmt mich mit in den Vorraum des Klassenzimmers und fragt, was war. Die anderen haben mich wieder geärgert, antworte ich. Sie nimmt ein Taschentuch und wischt meine Tränen ab, umarmt mich. Ich bin überrascht und freue mich, fühle mich getröstet. Wir gehen wieder ins Klassenzimmer. Die Lehrerin fragt die anderen Kinder, ob sie wissen, dass meine Eltern geschieden sind und dass ich oft ganz allein sein muss. Von da an habe ich ein paar Wochen Ruhe vor den Gehässigkeiten meiner Mitschüler.

Manchmal, wenn wir woanders zu Besuch sind, sagen die anderen Erwachsenen mit Wohlwollen, ich sei ja so ein liebes und ruhiges Kind. Dann streichelt meine Mutter meinen Kopf oder legt ihren Arm um mich. Sie sagt, dass sie sehr stolz auf mich ist. Als kleines Mädchen bin ich richtig hungrig nach diesen Zärtlichkeiten, ich lechze schmerzlich nach ihnen. Wenn wir allein sind, sagt meine Mutter so etwas aber nie, und sie streichelt mich auch nicht. Mit den Jahren begreife ich: Das ist Show. Jetzt sind mir solche Zärtlichkeiten zuwider. Ich wage es aber nicht zurückzuweichen, wenn meine Mutter ihre Hand nach mir ausstreckt. Und doch ekele ich mich vor dieser Hand und vor dieser Frau.

Nach der Schule gehe ich in einen Hort. Im Hort spiele ich wenig mit den anderen Kindern, klettere lieber bis in die hohen

Wipfel der Bäume, die an den Hortgarten grenzen. Der höchste Baum, eine Birke, wird mein Lieblingsbaum. Ich klettere mit meiner Puppe hinauf und baue ihr aus Ästen und Holzresten im Wipfel ein schönes Zuhause – mit lieben Eltern und einem tollen Haus, so wie bei den anderen Kindern.

Jetzt kommt wieder ein hässlicher Ort. Meine Mutter lernt einen Mann kennen, der schließlich mein Stiefvater wird. Er ist Neuseeländer, und eines Tages wandern wir als neue Familie aus, in „Papas" Heimat. Meinem leiblichen Vater habe ich von diesen Plänen nichts erzählen dürfen. Erst zehn Jahre später kann ich wieder Kontakt zu ihm aufnehmen. Für ihn bin ich jahrelang einfach verschwunden.

Mein Stiefvater, meine Mutter und ich leben in Neuseeland in einem Haus, und meine Mutter arbeitet nicht mehr. Meine Mutter spricht jetzt kein Wort Deutsch mit mir, nur noch Englisch. Sie und der Stiefvater streiten sich häufig. Ich verkrieche mich oft in mein Zimmer und lese, auch englische Bücher. Ich muss zwei Wochen nach unserer Ankunft in Neuseeland schon in die Schule gehen. Dadurch lerne ich die Sprache ziemlich schnell. Wenn ich nach Hause komme, mache ich Hausaufgaben und lerne für die Schule. Wenn meine Mutter mal wieder „durchdreht" und einen ihrer Tobsuchtsanfälle hat, sind mein Stiefvater und ich Verbündete. Sie trinkt regelmäßig, nicht viel, aber sie kommt mir dann trotzdem wie von Sinnen vor. Am nächsten Tag ist sie wieder ganz normal. Es ist so furchtbar anstrengend, nie zu wissen, wie sie heute ist. Als ich 13 Jahre alt bin, fangen meine Brüste an zu wachsen. Kurz danach kommt mein Stiefvater mir viel zu nahe, berührt mich so, wie es Liebende tun. Ich bin alt genug, um genau zu wissen, was ein Mann bei mir darf und was nicht. Und ich weiß: *Das* darf *der* nicht! Ich

Meine Mutter trinkt regelmäßig, nicht viel, aber sie kommt mir dann trotzdem wie von Sinnen vor. Am nächsten Tag ist sie wieder ganz normal. Es ist so furchtbar anstrengend, nie zu wissen, wie sie heute ist.

überlege in jeder freien Minute, was ich dagegen unternehmen kann. Ich beschließe, es meiner Mutter zu sagen, obwohl ich nicht wirklich Hilfe erwarte. Und sie sagt prompt: „Du lügst." Also bleibt mir nichts anderes übrig als abzuwarten. Als mein Stiefvater mich noch einmal so berührt, sage ich es meiner Mutter wieder. Diesmal sagte sie: „Dann bist du selber schuld." Ich weiß, dass das nicht stimmt. Ich habe ja meinen Stiefvater nicht dazu eingeladen! Es ist also klar, dass ich wieder für mich selbst sorgen muss. Der Stiefvater ist Offizier in der Marine. Also sage ich ihm, dass ich zu seinem Chef gehe, wenn er mich noch einmal anrühren sollte. Die Drohung hat den gewünschten Effekt: Er fasst mich nicht mehr an. Dieser Erfolg stärkt mein Selbstvertrauen.

Die Schule ist mittlerweile nicht mehr nur ein Ort, an dem ich Neues lerne. Sie ist der Punkt in meinem Leben, der mich vor dem Verrücktwerden bewahrt.

Die Schule ist mittlerweile nicht mehr nur ein Ort, an dem ich Neues lerne. Sie ist der Punkt in meinem Leben, der mich vor dem Verrücktwerden bewahrt. Schule ist ein Stück Normalität, ein Ort der Regelmäßigkeit, eine Gegenwelt zu dem Wahnsinn, der mich zu Hause erwartet. Und ich muss hin, also kann mich meine Mutter nicht zu Hause einsperren. Ich bin sehr gut in der Schule, habe häufig Erfolgserlebnisse. In der neunten Klasse empfehlen meine Lehrerinnen und Lehrer mich für den Hochbegabtentest. Meine Mutter willigt ein. Der Tag kommt, und während der Tests bin ich ganz gelassen. Der Professor ist sehr nett. Ein paar Tage später sagt mir meine Mutter die Testergebnisse. Sie grinst hämisch. „Du bist wohl doch nicht so schlau. Aber die Lehrer meinen, sie könnten dich trotzdem in ihr besonderes Programm lassen, auf Probe." Aber gleich darauf redet meine Mutter mir ein, dass ich mich nicht so hervortun solle. Schließlich würden mich meine Klassenkameraden ohnehin ständig ärgern. Wenn ich gefördert würde, hätten sie einen Grund mehr.

Dreizehn Jahre später finde ich in alten Akten die Testergebnisse. Ich war in allen getesteten Bereichen hochbegabt: Sprache, Mathematik, Analytik. Meine Lehrer haben nach dem Test mit meiner Mutter einen Schriftverkehr geführt, in dem sie ihr mehrfach dringend zu einem besonderen Schulprogramm für mich rieten. Meine Mutter hat in meinem Namen alles abgelehnt.

Ab dem 16. Lebensjahr habe ich eine Lehrerin, die Frau Odin heißt. Ich vertraue mich ihr an und erzähle nach und nach, wie es bei mir zu Hause aussieht. Sie spricht oft nach der Schule mit mir, tröstet mich, ermutigt mich. Sie meint, ich sei ein ganz besonderer Mensch, der im Leben viel bewirken werde. Was für Töne sind das?! Ich bin erstaunt und höre zu. Frau Odin sagt mir, dass sie mich für hochbegabt hält. Ich erzähle ihr von den Tests, die ja ein anderes Ergebnis hervorgebracht hätten. Sie sagt, das spiele keine Rolle, sie wisse eben, wie begabt ich sei. Sie erklärt mir, dass hochbegabte Kinder oft besonders sensibel seien und es mit Gleichaltrigen erst einmal schwer hätten, bis sie auf ihresgleichen stießen. Deswegen ermutigt sie mich zu studieren. Ich beginne mich selbst besser zu verstehen. Frau Odin sagt mir, ich solle mich nicht kleinkriegen lassen, sondern abwarten. Das Leben in seiner ganzen Fülle stehe für mich bereit, und ich solle nicht aufgeben, sondern durchhalten. Ich vertraue ihr und glaube, was sie mir sagt. Manchmal bin ich jetzt richtig fröhlich. Ich entwickele einen Humor, von dem ich gar nicht wusste, dass ich ihn habe. Ich lache gern.

Manchmal bin ich jetzt richtig fröhlich. Ich entwickele einen Humor, von dem ich gar nicht wusste, dass ich ihn habe. Ich lache gern.

Ich bin jetzt 17 Jahre, fast 18 Jahre alt. Ich freue mich auf meinen 18. Geburtstag, weil ich dann mündig bin und ausziehen darf. Ich lebe auf diesen Geburtstag hin. Als er kommt, weiß ich aber nicht, wo ich hinziehen soll. Ich habe nur einen Gelegenheitsjob und verdiene nicht genug, um eine eigene Miete zu bezahlen. Durch einen Schulkollegen habe ich ein älteres, nettes

Ehepaar kennengelernt, wenn auch nur flüchtig. Sie sind Christen und gehen regelmäßig in die Kirche. Als ich mit Gott über meine Situation rede, sehe ich deutlich dieses Ehepaar vor Augen. Ich spüre, dass ich zu ihnen gehen soll. Das scheint mir etwas seltsam, aber ich weiß keinen anderen Weg. Also gehe ich zu ihnen.

Später erfahre ich, dass Gott auch zu diesem Ehepaar gesprochen hat. Er hat ihnen gesagt, dass ich ganz allein auf der Welt bin und sie mich zu sich nehmen sollen. Als ich vor ihnen sitze und etwas herumstottere, weil ich nicht weiß, wie ich ihnen mein Anliegen vermitteln soll, starre ich schließlich auf den Teppich und sage nichts mehr. In diesem Moment sagt die Frau, die mich liebevoll anlächelt: „Sandra, wir haben auf dich gewartet. Wann kommst du denn zu uns?" Ich staune und beginne vor Erleichterung und Glück zu weinen.

Vier Jahre wohne ich bei diesem Ehepaar, meiner „Oma" und meinem „Opa". Ich werde für sie ein vollwertiges Enkelkind neben den anderen, leiblichen, die sie haben. Sie lieben mich, und ich liebe sie. Sie schenken mir vom ersten Augenblick an Vertrauen und Freiheit. Sie füllen das große Loch in mir aus, das Loch, das durch Vernachlässigung und mangelnde Fürsorge bei mir entstanden ist. Oma und Opa lehren mich, wie man Beziehungen knüpft und pflegt, wie man vertraut und liebt. Sie geben mir die Würde einer Familie. Ich gehöre jetzt zu jemandem.

Frau Odin hat recht behalten: Eines Tages kann ich mit einem Studium anfangen und finde mich an der Universität tatsächlich unter meinesgleichen wieder. Keiner sieht mich komisch an oder glaubt, ich sei nicht normal. Wir nehmen einander ernst und sind Gleichberechtigte, die sich einem Thema widmen. Nach dem Studium kehre ich auf der Suche nach meinen Wurzeln zurück nach Deutschland. Auch meinen Vater finde ich wieder. Heute arbeite ich in einer christlichen Organisation, in der ich viel zum Guten bewegen darf. Ich bin verheiratet und lebe ein erfülltes Leben.

Aber es gab noch dunkle Zeiten. Meine Oma war in ihrer großen Liebe überzeugt, ich müsse unbedingt versuchen, mich mit meiner Mutter auszusprechen und zu versöhnen. Zweimal – einmal mit 19 Jahren, einmal mit 32 Jahren – versuchte ich deshalb, wieder Kontakt zu meiner Mutter aufzunehmen. Beide Versuche scheiterten. Als ich 19 Jahre alt war, schlug meine Mutter mich, daraufhin brach ich erneut den Kontakt ab. Als ich 32 war und den nächsten Versuch wagte, misshandelte meine Mutter mich mit Worten, sowohl im Gespräch als auch in Briefen. Dabei spürte ich eine tiefe Sehnsucht nach Versöhnung, nach Frieden mit meiner Mutter. Ich wollte ihr vergeben. Aber ich wusste einfach nicht, wie ich es schaffen sollte. Als ich sie mit Dingen aus der Vergangenheit konfrontierte, leugnete sie alles. Ich hielt es nicht aus und brach auf den Rat meiner Seelsorgerin den Kontakt wieder ab. „Du kannst ihr vergeben und sie loslassen. Aber zur Versöhnung gehören zwei Menschen, die willens sind, nicht nur einer", sagte die Seelsorgerin. Das leuchtete mir ein, aber ich war traurig, unendlich traurig. Ich dachte, es müsste Gott sicherlich missfallen, dass ich mich nicht mit meiner Mutter versöhnen konnte. Aber ich lag falsch. Gott ist ein Gott der Liebe.

„Du kannst ihr vergeben und sie loslassen. Aber zur Versöhnung gehören zwei Menschen, die willens sind, nicht nur einer."

Jetzt bin ich also 33 Jahre alt und sitze am Krankenbett meiner Oma. Sie schläft. Dann wacht sie auf und schaut mich an. „Sandra", sagt sie, „wie schön, dass du da bist." Ihre Augen leuchten. Ich nehme ihre Hand, streichele sie und lächele zurück. Sie erkennt mich, hat einen ihrer klaren Momente – ein Gottesgeschenk. Aber weil sie mich gut kennt, merkt sie, dass etwas nicht stimmt. Ich bin nicht nur ihretwegen traurig. Wie meistens legt sie ihren Finger auf das Problem. „Wie geht es deiner Mutter?", fragt sie plötzlich. Ich protestiere, will meine Oma nicht auf dem Krankenbett mit meinen Sorgen belasten, aber sie fragt wieder. Ich antworte: „Ich weiß nicht, wie es ihr geht, Oma. Ich habe es wieder nicht geschafft, den Kontakt zu ihr zu halten", und beginne zu weinen. Oma schließt die Augen. Dann öffnet sie sie wieder und schaut mich an. Unter Tränen bricht es aus mir heraus: „Oma, ich kann mich einfach nicht mit meiner Mutter versöhnen. Was soll ich nur tun? Was denkt wohl Jesus jetzt über uns?" Oma schaut mich einen Augenblick an und sagt: „Sandra, komm her, leg deinen Kopf auf meine Schulter." Ich tue, was sie sagt. Es ist so gut, hier zu sein. Sie streichelt mit ihrer Hand über meine Wange. Dann spricht sie, diese überzeugte Christin, diese bibelfeste Frau, die immer wollte, dass ich mich mit meiner Mutter versöhne, ein hartes Urteil über meine Mutter. Aber dieses Urteil befreit mich von einer großen Last. „Weißt du", sagt sie, „deine Mutter hat vor vielen Jahren aufgehört, deine Mutter zu sein. Sie hat ihr Anrecht darauf, deine Mutter zu sein, verloren. Jesus weiß das. Ich bin deine Mutter."

Diese Sätze sprengen endgültig die Ketten, die mich noch an meine Vergangenheit gefesselt halten. Omas Sätze fallen tief in mein Herz und geben mir Frieden. Sie sagen etwas über meine leibliche Mutter aus, was ich mir nie selbst zu denken gestattet hätte. Meine Vergangenheit gehört zu mir, aber diese Sätze machen den Weg frei für die Zukunft.

Mein Leben hat mit meiner leiblichen Mutter begonnen. Aber ich habe durch Gottes Wirken in einer anderen Frau meine Herzensmutter gefunden. Dafür danke ich ihm.

Blanka Heinrich

Ich habe mir immer meine Wege gesucht

Was braucht ein Mensch, um „normal" leben zu können? Oder gar glücklich zu werden? Gesundheit natürlich. Eine gewisse materielle Grundausstattung. Seelische Stabilität. Freunde. Blanka Heinrich hat all das – wenn man mal von einem grundsätzlichen Handicap absieht.

Blanka Heinrich (47) ist Sozialarbeiterin und lebt mit ihrer Familie in Berlin.

„Ja, dann machen wir noch die Fruchtwasseruntersuchung und den feindiagnostischen Ultraschall. Bei Ihnen müssen wir ja auf Nummer sicher gehen, damit so etwas nicht wieder passiert!" Geschäftig blätterte meine Frauenärztin in ihrem Kalender.

„Nein, das möchte ich nicht. Ich habe mich in der genetischen Beratungsstelle über meine besondere Situation informiert, und dort wurde mir bescheinigt, kein größeres Risiko zu haben als jede andere Frau."

„Dann bringen Sie bitte zum nächsten Termin Ihren Mann mit. Ich möchte das gerne vor Zeugen hören", sprach Frau Doktor und eilte zur nächsten Patientin.

In mir kämpfte die Hilflosigkeit gegen die Wut. Mit „so etwas" meinte die Frauenärztin meine angeborene Behinderung. Ich habe keine Hände.

Bei dieser Ärztin war ich das letzte Mal, und beim ersten Gespräch mit der nächsten Ärztin meiner Wahl nannte ich gleich meine Bedingungen: keine Extra-Untersuchungen, keine Panikmache …

Mein erster Sohn kam gesund auf die Welt, die zwei nachfolgenden Kinder ebenso. Unsere Familien und der engere Bekanntenkreis reagierten gelassen, aber am Ende doch auch erleichtert. Auch sie hatten sich wohl insgeheim Sorgen gemacht, aber davon wollte ich nichts hören. Schließlich möchte ich mein Leben nicht nachträglich infrage gestellt wissen. Natürlich hatte ich auch Sorgen und wünschte mir ein gesundes Kind. Mein Mann Harald strahlte stets eine unglaubliche Zuversicht aus. Für ihn war die Sache mit einer möglichen Behinderung überhaupt kein Thema. „Es wird schon gut werden, und wenn unser Kind behindert ist, dann ist das auch nicht schlimm." Harald hat mich immer sehr gestärkt.

Ob mich die Menschen direkt fragen, warum ich keine Hände habe? Kinder tun das: „Warum hast du keine Hände?", „Was ist denn mit deinen Händen passiert?", „Kannst du schreiben?" Neun Jahre lang hatte ich immer ein oder zwei Kinder, die ich morgens in den Kindergarten gebracht habe, und konnte erleben, dass Kinder kein Blatt vor den Mund nehmen.

Ich arbeite seit 16 Jahren als Sozialarbeiterin in einer großen diakonischen Einrichtung in Berlin. Es ist eine vollstationäre Behinderteneinrichtung, und ich führe die Gespräche mit den Menschen, die sich bei uns um einen Heimplatz bewerben. Menschen mit den unterschiedlichsten Behinderungen. Nach den Gesprächen stellen sie dann oft mir Fragen: „Und Sie? Was ist Ihnen passiert?"

Meine Behinderung ist wirklich nicht zu übersehen. Ich habe keine Hände und stark verkürzte Unterarme. Viele denken, ich sei ein Contergan-Kind, aber ich bin nur zufällig in dieser Zeit mit einer Behinderung zur Welt gekommen, die so ähnlich aussieht wie eine Contergan-Schädigung. In einem meiner Behindertenausweise stand mal „Ohnhänder". Das fand ich blöd, dann doch lieber „ohne Hände". Ohne Hände – das be-

In einem meiner Behindertenausweise stand mal „Ohnhänder". Das fand ich blöd, dann doch lieber „ohne Hände".

deutet nicht mit der Hand greifen, nicht zufassen können. Um einen Stift zu halten, einen Apfel zu schneiden, den Putzeimer zu schleppen, die Windeln der Kinder zu wechseln – immer führe ich beide Unterarme zusammen.

Meine Eltern sind sehr praktisch denkende und arbeitende Menschen. Meine Mutter war die erste Installateurin Berlins. Sie hatten im Wedding einen kleinen Handwerksbetrieb. Solange ich denken kann, haben sie immer gesagt: „Was du willst, das schaffst du schon!" Sie haben mich total normal behandelt. Als ich sechs Jahre alt war, wollte ich Fahrrad fahren lernen. Wenn ich mir heute als Mutter überlege, wie ich wohl damit umgegangen wäre …? Bestimmt hätte ich vorauseilend für mein Kind ganz viel organisiert: das Fahrrad ummontiert, einen speziellen Lenker angebracht, Stützräder besorgt … Und meine Eltern? Die sagten einfach nur: „Nimm dir doch ein Rad und probier's." Und das habe ich dann auch getan. Tagelang habe ich geübt, bin hingefallen, wieder aufs Rad gestiegen. Bis es klappte. Stolz wie Bolle habe ich die Runden in unserer Schrebergartenkolonie gedreht.

Ich hatte nie das Gefühl, dass mich meine Eltern irgendwie verstecken. Im Gegenteil. Sie haben mich gefördert, gefordert und gezeigt.

Ich hatte nie das Gefühl, dass mich meine Eltern irgendwie verstecken. Im Gegenteil. Sie haben mich gefördert, gefordert und gezeigt. Das habe ich immer gespürt.

Obwohl meine Eltern so offen mit meiner Behinderung umgegangen sind, konnten wir lange nicht darüber sprechen. Immer wieder habe ich einen Anlauf gemacht. Ich hätte doch so gern gewusst, was meine Eltern gefühlt haben, als ich zu Welt kam. Was sie miteinander erlebt haben. Aber immer, wenn ich meine Mutter ansprach, stiegen ihr Tränen in die Augen. Dann habe ich das Thema schnell wieder fallengelassen. 2007 habe ich den Conterganfilm gesehen. Dieser Film war der Anstoß dafür, dass wir das erste Mal über uns reden konnten. Meine Mutter erzählte, was sie damals gefühlt hatte – nach 46 Jahren! Sie sprach über ihr schlechtes Gewissen, das irrationale Gefühl, vielleicht etwas falsch gemacht zu haben. Mein Vater verblüffte mich mit einem sehr detaillierten Wissen über Contergan und die Folgen für die betroffenen Menschen.

Wenige Tage nach meiner Geburt war ich im Krankenhaus notgetauft worden. Deshalb gibt es in unserem Familien-Fotoalbum nur ein Bild von der Taufe meiner großen Schwester in dem wunderschönen langen Taufkleid. Ein Bild von meiner Taufe fehlt. Und doch: „Mit dir haben wir erst gelernt, wie sehr sich ein Kind freuen kann", hat meine Mutter mir oft gesagt. Meine ältere Schwester war wohl eher ein ernstes Kind. Ich habe mich ins Herz meiner Eltern gelächelt.

Die ersten vier Schuljahre war ich auf einer Körperbehinderten-Schule. Die hatte nicht das Niveau einer normalen Grundschule. „Wenn sie wollen, dass Ihre Tochter aufs Gymnasium geht, dann versuchen Sie, sie in einer normalen Grundschule unterzubringen." Meine Klassenlehrerin redete eindringlich mit meinen Eltern. Sie rannte bei ihnen offene Türen ein. Anfang der 70er-Jahre war „Integration" ein Fremdwort, auch für Pädagogen. Aber meine Eltern haben gekämpft. Der Rektor der „normalen" Grundschule sagte ihnen schließlich: „Na gut, ausnahmsweise – weil Ihre große Tochter so eine gute Schülerin ist, können wir es mit Ihrer jüngeren ja mal versuchen."

In der Schule und sonntags beim Essen musste ich Prothesen tragen. Sonntags, weil meine Eltern wollten, dass ich mich gut benehmen kann, wenn ich bei anderen Leuten eingeladen bin. Meine Prothesen sahen aus wie diese schrecklichen Piratenhaken. Getragen habe ich die Dinger bis zur 11. Klasse. Damals hatte ich einen tollen Chemielehrer. Ich weiß nicht, wie oft mir im Chemieunterricht die Reagenzgläser aus der Hand gefallen sind. Eines Tages sagte der Lehrer: „Blanka, kannst du diese Dinger nicht mal abmachen!?" Ich habe ihn angestarrt, als hätte er mir ein unsittliches Angebot gemacht. Aber ich habe sie abgemacht. Das

31

war eine unglaubliche Befreiung! Ich saß in diesem Chemieraum und führte meinen Arm über die Plastiktische: „Ach, so fühlt sich das an!" Von dieser Stunde an hatte ich ein völlig neues Schulgefühl. Es war meine Emanzipation.

Seit dieser Zeit sehen die Leute schon auf dreißig Meter Entfernung: „Da kommt ja ein Mensch ohne Hände!" Das vereinfacht mein Leben. Es ist so viel schwerer mitzuerleben, was für einen Schreck die Leute bekommen, wenn sie erst in dem Moment, in dem sie schon unmittelbar vor mir stehen, entdecken, was mit mir los ist. Dieses peinliche Bemühen, die Gesichtszüge zu kontrollieren. Jetzt haben sie dafür ein paar Sekunden mehr Zeit. Das ist für beide Seiten einfacher.

Damals, als ich mich von meinen Prothesen emanzipierte, entwickelte man gerade die ersten künstlichen Hände. Die haben meine Eltern mir anpassen lassen. Aber es war ganz entsetzlich. Ich hatte als Kind und Jugendliche immer ein Bild in meinem Kopf: „Blanka mit schönen richtigen Händen". Diese schrecklichen Plastikteile hatten mit meinem inneren Bild überhaupt keine Ähnlichkeit. Ich habe sie eines Tages in die Ecke geschmissen.

Natürlich wurde ich als Kind manchmal gehänselt. Aber ich habe zum Glück eine drei Jahre ältere Schwester, die hat mich immer verteidigt und die Jungs verprügelt, die mich verspottet haben. Richtig schlimm habe ich meine Behinderung als Jugendliche empfunden. Die anderen um mich herum hatten ihre ersten Freunde. Ich nicht. Noch nicht. Und dann hat mich viel später, mit dreißig, das Selbstmitleid noch mal so richtig gepackt. Eigentlich hatte ich so viel geschafft: Ich hatte studiert, eine sehr erfüllende Arbeitsstelle gefunden, einen liebevollen Mann. Wir standen kurz vor der Familiengründung. Und gerade da holte mich auf einmal das Selbstmitleid mit Macht ein. Ich wurde schrecklich unzufrieden, mürrisch, jammernd. Ich be-

Und dann hat mich viel später, mit dreißig, das Selbstmitleid noch mal so richtig gepackt.

schloss, eine Gestalttherapie zu machen – eine sehr gute Entscheidung, wie ich heute weiß. In der Therapie hatte ich einen Schutzraum, in dem ich weinen und trauern konnte. Mit Hilfe meiner Therapeutin habe ich eines Tages meine Hände beerdigt. Wirklich – als Ritual. Das war eine sehr ergreifende Erfahrung. Danach ging es mir viel besser. Mein Mann Harald und ich bekamen unser erstes Kind.

Ich bin ohne Hände und mit verkürzten Unterarmen zur Welt gekommen. So ist das, und damit habe ich zu leben gelernt. Ich habe meine Wünsche meiner Behinderung angepasst. Ich leide nicht darunter, dass ich nicht Klavier spielen kann, weil ich es nie hätte lernen können. Ich klammere manche Dinge einfach aus. Ich trage immer die gleichen Ohrringe, weil ich sie mir nicht selbst anstecken könnte. Die Verschlüsse einer Kette kann ich auch nicht schließen, also trage ich kaum Schmuck. Und das ist nichts, worunter ich leide.

Aber da ist in mir auch die andere Seite: Was ich machen wollte, das habe ich irgendwie immer hinbekommen. Ich bin mit meinem Freund Schütti ein halbes Jahr mit dem Fahrrad durch Neuseeland und Australien gefahren. Ich kann gut Ski fahren – natürlich ohne Stöcke. Ich habe wirklich verrückte Sachen gemacht. Das Verrückteste war das Gleitschirmfliegen. Ich habe einen Lehrer gefunden, der sich darauf eingelassen hat. Er hat an dem Gerät getüftelt, bis es klappte. Ich bin tatsächlich von einem 2000 Meter hohen Berg geflogen. Mir wird noch heute ein bisschen schlecht, wenn ich daran denke, denn die Notleine hätte ich nicht reißen können …

Das Verrückteste war das Gleitschirmfliegen. Ich bin tatsächlich von einem 2000 Meter hohen Berg geflogen. Mir wird noch heute ein bisschen schlecht, wenn ich daran denke.

Mit Mitte zwanzig habe ich mit zwei Freunden eine Fahrradtour durch Ungarn machen. Es war April, es war lausig kalt, es goss in Strömen, und wir hockten in unserem Zelt. Plötzlich hielt vor unserem Zelt ein schicker Luxuswagen, ein Mann stieg aus und kam direkt auf mich zu: „Wir sind verwandt. Du hast keine Hände, ich habe keine Hände. Ich lade euch ein."

Er fuhr uns zu seinem schönen Haus. Wir wurden herrlich bewirtet. Wir saßen an einem großen Tisch. Er an dem einen Kopfende, ich ihm gegenüber. Den ganzen Abend haben wir uns nicht aus den Augen gelassen. Er wollte sehen: „Wie macht sie das?", und ich war auch neugierig. Es war ein toller Abend.

Es ist einfach so: Grenzen von außen habe ich nie akzeptiert. Ich habe gemacht, was ich mir in den Kopf gesetzt hatte. Wobei ich es nicht als Kampf empfunden habe. Warum das so ist? Bestimmt habe ich eine robuste psychische Ausstattung mit auf die Welt gebracht. Und dann hatte ich das große Glück, liebevolle Menschen an meiner Seite zu haben. „Das schaffst du nicht", habe ich eigentlich nie von Menschen gehört, die mich und meine Fähigkeiten kannten. Eher das Gegenteil: Von Eltern und Freunden kam eigentlich immer und immer wieder diese zuversichtliche Einschätzung: „Das schaffst du, wenn du es möchtest."

So habe ich mir meine Wege gesucht. Ich konnte meine Fähigkeiten immer recht gut einschätzen und habe nichts akzeptiert, was nicht meinen gesamten Möglichkeiten entsprach. So bin ich auch zu meinem Herzenswunsch, einem VW-Bus, gekommen. Ich hatte einen Führerschein für ein Auto mit Automatikgetriebe und Höchstzulassungsgewicht – aber damals gab es Dieselbusse nur mit Schaltgetriebe. Zum Glück war da ein Fahrschullehrer, der mir vertraute, dazu ein versierter Freund, der zusätzlich zum Können auch über eine Werkstatt und das nötige Material verfügte, und schließlich ein aufgeschlossener Mitarbeiter des TÜVs, der sich das Ganze unvoreingenommen vorführen ließ. Und dann mein Triumph: Es hat geklappt! Die Beschränkungen im Führerschein wurden neu formuliert und so frei gefasst, dass ich einen VW-Bus fahren durfte.

Auch bei meinen Jobs habe ich die vorgegebenen Grenzen nicht akzeptiert. Die Absagen waren nicht in meinen Grenzen, sondern in den Grenzen der anderen begründet. 1979 habe ich Abitur gemacht und anschließend Sozialarbeit studiert. Praktikumsstellen zu bekommen war kein Problem, da musste der Arbeitgeber sich ja nicht langfristig binden. Aber nach dem bestandenen Diplom wurde es schwierig. Von wegen, Behinderte werden bei gleicher Qualifikation bevorzugt oder zumindest gleichwertig in die Auswahl einbezogen. Die Realität sah anders aus. Mal war ich zu jung, mal zu unerfahren, hörte, dass „man den Hilfesuchenden das doch nicht zumuten" könne, galt als „zu stark selbst betroffen". Und so bekam ich auch eine Absage für die Stelle, für die ich mich wirklich geeignet empfand.

Da erwachte mein Kampfesmut! „Ich will Ihnen beweisen, dass ich für diese Stelle geeignet bin", sagte ich im Büro meines zukünftigen Chefs, seine Absage unter den Arm geklemmt. Aber nicht nur er, ein ganzes Team hatte sich gegen mich entschieden. Also marschierte ich hin. Und dann nahmen sie mich! Sieben Jahre habe ich mit viel Freude in dieser Sozialstation gearbeitet. Nach meinen errungenen Siegen stand ich natürlich unter Druck. Vielleicht habe ich mir den Druck auch selbst gemacht. Alle sollten ja das Gefühl haben, die richtige Entscheidung getroffen zu haben.

„Ich will Ihnen beweisen, dass ich für diese Stelle geeignet bin", sagte ich im Büro meines zukünftigen Chefs, seine Absage unter den Arm geklemmt.

Das gilt auch an anderen Stellen. Ich bin meine größte Kritikerin, denn ich will auf keinen Fall einen Behinderten-Bonus haben. Wenn ich bei Edeka an der Kasse stehe und mir ein Geldstück runterfällt, dann habe ich direkt dieses Gefühl: Die denken jetzt: Ach, die arme Behinderte! Das ist mir unerträglich. Dabei stehe ich oft genug hinter Leuten an der Kasse, die zwei gesunde Hände haben und denen auch mal ein Euro auf den Boden fällt. Gut, ich bleibe an der Stelle immer besonders empfindlich. Manchmal holt mich sogar das Selbstmitleid doch wieder ein bisschen ein, und ich muss es ganz bewusst wieder abschütteln.

Mein Mann ist leitender Ingenieur in einem großen Unternehmen. Die Firma hatte neulich einen „Tag der offenen Tür". Ich ging mit den Kindern hin. Harald stellte mich ganz selbstverständlich seinen Chefs vor. Auch mit Händen wäre ich bestimmt nicht der Typ, dessen toller Stil sofort auffällt. Ich kleide mich halt ziemlich sportlich-praktisch. Ich stand also da und dachte nur: „O, nein, ist hier alles schick. Der repräsentative Typ bin ich ja nun nicht gerade, und dann auch noch keine Hände!"

Abends im Bett habe ich es Harald erzählt. Er hat laut gelacht und nur gesagt: „Das ist mir so egal!"

Gesprächsprotokoll: Claudia Filker

Lena Meyfarth (Name geändert)

Tauche ich noch einmal auf, oder werde ich untergehen?

Wasser ist das Element, aus dem wir kommen und das in vielen Träumen eine Rolle spielt. Auch für Lena ist es nach dem Scheitern ihres Lebensentwurfs das Bild, in dem sie sich wiederfindet. Aber Wasser ist nicht nur bedrohlich, es reinigt auch.

Lena Meyfarth (34) ist Theologin. Sie lebt in Frankfurt.

Julie springt ins Schwimmbecken. Alles ist auf einmal in Blau gehüllt, in Stille, die Zuschauenden finden sich in einer unwirklichen Unterwasserwelt wieder. Juliette Binoche spielt in einem meiner Lieblingsfilme „Drei Farben: Blau" von Krzysztof Kieslowski eine Frau, die einen schweren Autounfall überlebt, ihren Mann und ihre Tochter dabei aber verloren hat. Das Blau symbolisiert die intensive Farbe ihrer Trauer, den dunklen Blues ihrer Seele, das Abtauchen. Einen ganzen Film lang zittert man mit Julie mit, ob sie wohl wieder in ihrem Alltag auftauchen wird. Ob sie die Kraft finden wird weiterzuleben.

In diesen Film-Bildern, dieser Erzählung habe ich mich in der Zeit meiner Trauer wiedergefunden. Obwohl ich meinen Mann nicht durch einen Unfall verlor, sondern nach dem Scheitern unserer Ehe an eine andere Frau, war das Vermissen unendlich groß. Ich fühlte mich schuldig und gleichzeitig erniedrigt. Minderwertig im Vergleich, hässlich und alt. Verbraucht, als hätte ich ausgedient. Langweilig, uninteressant. Erledigt.

Obwohl ich kein Kind verlor, sondern den Traum von einem eigenen Kind an die Einsicht, dass mein Mann jetzt ein Kind mit einer anderen Frau hatte, war die Lücke schmerzhaft. Alles tat weh. Jeder Tag. Die Erinnerungen. Geburtstage. Weihnachten.

Alles tat weh. Jeder Tag. Die Erinnerungen. Geburtstage. Weihnachten. Es fühlte sich an wie das Leben in einer unwirklichen Welt.

Es fühlte sich an wie das Leben in einer unwirklichen Welt. „Das kann doch gar nicht wahr sein!", war so ein Ausdruck, der mir selber zeigte, dass ich der Wahrheit nicht hinterher kam. „Ich hätte nie gedacht, dass mir das passiert."

Abtauchen! Das war die erste, intuitive Reaktion. Den Fragen ausweichen. Dem Scheitern. Den Blicken. Dem Mitleid. Den Urteilen. Der Selbstanklage. Dem Schmerz. Dem Spiegelbild. Und vor allem der Scham. Abtauchen. Mich nicht mehr blicken lassen. Ausweichen. In meiner eigenen Welt versinken. Mich wegschwemmen lassen von den Tränen. Untergehen. Lebensmüde aufgeben.

Meine Umwelt schien zu bestätigen, was ich fühlte. „Das ist ihr Untergang", sagten manche. Und meinten nicht meine Seele, sondern meine Karriere in der Kirche. Ich sah ein, dass man nicht darüber hinwegsehen konnte, wie sehr ich an meinen eigenen Ansprüchen und Wertmaßstäben gescheitert war. Ich selber wollte und konnte nicht darüber hinwegsehen. Aber ich äußerte die vorsichtige Bitte, doch genauer hinzusehen. Ein Kollege sagte sogar: „Das überlebt sie nicht." Ich empfand diese Kommentare zu meiner Lebenssituation als höhnisch oder unerbittlich, gnadenlos. Und da regte sich Trotz in mir. Ein ganz ursprüngliches Gefühl von Widerstand. Der tiefe Wille weiterzuleben. Als würde meine Seele unter Wasser tatsächlich anfangen zu strampeln. Es war, als würde Jesus zu mir sprechen. Und er sagte etwas anderes als die anderen Stimmen in mir und um mich herum. Was Jesus sagte, klang nach Leben. Nicht nach „irgendwie weiterleben", sondern nach Auferweckung. Nach Sonntagskraft, Überwindung, Neuanfang. Nicht nach „Schwamm drüber", sondern nach Vergebung. Nach Gnade!

Ich begann mich wieder zu bewegen. Aber es war schwer. Als hätte ich Bleigewichte im Herzen, als zögen mich Kräfte nach unten. Ich hatte Angst, es alleine nicht zu schaffen. Ich malte mir aus, wie ich verbittert würde und biestig, hart und unzugänglich für neue Erfahrungen. Dass ich meinen Alltag nicht bewältigen würde, finanziell nicht zurechtkäme. Rechnete damit, dass meine Kolleginnen und Kollegen mich von den wirklich interessanten Projekten und Debatten ausschließen würden. Ich verlor noch einmal einige Menschen, Freunde, die sich enttäuscht abwandten.

Ich kämpfte weiter. Besann mich auf das, was ich gelernt hatte. Auf alte Gebete. Auswendiggelerntes. Auf Bibeltexte. Verheißungen. Auf meine Lebensberufung. Ich entdeckte dabei immer wieder den Zuspruch der Güte und den Schutz meiner Würde. Ich entdeckte Jesus ganz neu. Und schwamm los, um nicht unterzugehen. Ich glaubte wieder, dass ich eine Zukunft haben würde.
Aber dann merkte ich, dass ich vor dem Auftauchen Angst hatte. Je näher ich der Wasseroberfläche kam.

Im Film entschließt sich Julie, die Arbeit ihres Mannes weiterzuführen. Sie nimmt die Arbeit an seiner Komposition auf, eine Vertonung des Hohen Liedes der Liebe aus dem 13. Kapitel des ersten Korintherbriefes.
Ich las: *Und wenn ich mit Menschen- und mit Engelzungen redete und hätte die Liebe nicht, so wäre ich ein tönendes Erz oder eine klingende Schelle. Und wenn ich prophetisch reden könnte und wüsste alle Geheimnisse und alle Erkenntnis und hätte allen Glauben, sodass ich Berge versetzen könnte, und hätte die Liebe nicht, so wäre ich nichts. Und wenn ich alle meine Habe den Armen gäbe und ließe meinen Leib verbrennen und hätte die Liebe nicht, so wäre mir's nichts nütze.* Und ich dachte: Und wenn ich alles richtig gemacht

hätte und nie gescheitert wäre und hätte die Liebe nicht, wäre es nichts nütze.

Die Liebe ist langmütig und freundlich, die Liebe eifert nicht, die Liebe treibt nicht Mutwillen, sie bläht sich nicht auf, sie verhält sich nicht ungehörig, sie sucht nicht das Ihre, sie lässt sich nicht erbittern, sie rechnet das Böse nicht zu, sie freut sich nicht über die Ungerechtigkeit, sie freut sich aber an der Wahrheit; sie erträgt alles, sie glaubt alles, sie hofft alles, sie duldet alles.

Und ich las es noch einmal anders: *Jesus ist langmütig und freundlich, Jesus eifert nicht, Jesus treibt nicht Mutwillen, Jesus bläht sich nicht auf, Jesus verhält sich nicht ungehörig, Jesus sucht nicht das Seine, er lässt sich nicht erbittern, Jesus rechnet das Böse nicht zu, Jesus freut sich nicht über die Ungerechtigkeit, er freut sich aber an der Wahrheit; Jesus erträgt alles, Jesus glaubt alles, Jesus hofft alles, Jesus duldet alles.*

Ich tauchte wieder auf und fand mich in der Liebe wieder. In Jesus selbst aufgehoben mit allem. So wie Julie durch die Bearbeitung und die Besinnung auf die höchste Liebe ins Leben zurückgeliebt wird, empfand ich auch. Und da wusste ich, dass ich nicht untergegangen war, Wohl eine Weile abgetaucht, aber nicht versunken. Ich war wieder aufgetaucht und würde leben.

Netha (Name verändert)

Schokolade ist ein böses Lebensmittel

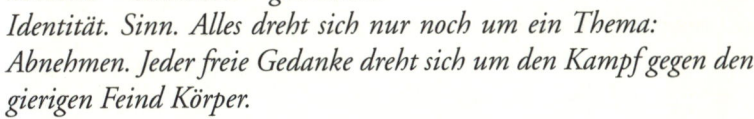

Hungern heißt, Kontrolle über-
nehmen. Sicherheit gewinnen.
Identität. Sinn. Alles dreht sich nur noch um ein Thema:
Abnehmen. Jeder freie Gedanke dreht sich um den Kampf gegen den
gierigen Feind Körper.

Netha (25), ist Studentin und lebt in Berlin.

Mit 16 habe ich diesen Kampf aufgenommen. Es sollten nur ein
bis zwei Monate Diät werden. Ein paar Kilo runter, schließlich
war ich als Kind so dünn gewesen. Aber dann kam die Pubertät
und ich nahm zu. Nicht, dass ich dick geworden wäre. Aber „normal", durchschnittlich eben. Dabei galt es in meiner Familie
doch so viel, schlank zu sein. Aussehen war immer ein Thema.
Und außerdem wusste ich: Ich will nicht durchschnittlich sein.
Also muss ich abnehmen. Ein paar Kilo nur.

Nach zwei Monaten stelle ich mich auf die Waage und sehe:
Drei Kilo weniger. Nicht genug abgenommen. Aber das mit der
Diät hat gut geklappt. Also noch ein Monat Diät, am besten
noch ein paar Hundert Kalorien weniger.

Ärgerlich, dass gerade die Adventszeit beginnt, aber wer etwas
erreichen will, muss hart zu sich sein und Disziplin zeigen. Also
halte ich durch und esse noch weniger. Und zu Silvester steht
mindestens ein guter Vorsatz fürs neue Jahr fest: weiter abnehmen.

Jeden Monat verschwindet mindestens noch ein Kilo. Inzwischen
ist die Waage zur täglichen Begleiterin geworden: Jeden Morgen,
noch bevor ich etwas esse oder trinke, ist es Zeit, mich zu wiegen.

Wenn die Waage nicht weniger anzeigt als am Vortag, bin ich enttäuscht: Mein hässlicher, dicker Körper weigert sich, seine Fettreserven zu vernichten. Das heißt, ich muss weiter diäten, am besten ein bisschen weniger essen als gestern.

Wenn die Waage weniger Gewicht anzeigt, bin ich einen kurzen Moment geradezu euphorisch: Ich bin auf dem richtigen Weg, all die Härte zahlt sich aus, mein Körper gibt meinem Willen nach! Das heißt, ich will weiter diäten, am besten noch ein bisschen weniger essen als am Vortag!

Hey, wie viel habe ich gestern eigentlich gegessen? In Gedanken gehe ich jede Kalorie und jedes Gramm Fett durch. Nicht ganz schlecht, aber inzwischen stehe ich vorm Spiegel. Was ich da sehe, erschreckt mich: Wabbelige, fette Schenkel und ein dicker Bauch, der sich viel zu weit raustraut vor meine Hüftknochen. Also noch ein Gramm weniger Fett erlaubt in Zukunft. Wie viel darf ich dann heute essen? Am besten noch mal ausrechnen.

Eigentlich denke ich den ganzen Tag nur noch an Essen. Ständig bin ich hungrig. Aber der Hass gegenüber meinem Körper gibt mir die Kraft, weiter zu hungern. Und mein Ziel zu erreichen. Wobei – was ist eigentlich mein Ziel? Weniger wiegen. Wie wenig denn? Keine Ahnung, so lange, bis ich mich dünn fühle.

Meine Freundinnen und eine Lehrerin haben mich schon ein paar Mal auf mein Gewicht angesprochen. Sie machen sich Sorgen. Auch meine Eltern. Alle finden mich zu dünn. Aber natürlich lügen sie, denn ich sehe ja das Fett. Außerdem ist es schmeichelhaft, dass sie mich zu dünn finden. Das ist viel besser als schlank. Schlank kann man ja irgendwie jeden finden.

Viele in meiner Klasse sind halbwegs schlank. Die Hälfte der Mädchen will auch Diät machen. Aber sie schaffen es nicht, sie sind zu schwach. Ich sehe mit Genugtuung, wie eine, die letzte Woche noch was von

Ich sehe mit Genugtuung, wie eine, die letzte Woche noch was von Abnehmen erzählt hat, sich gerade einen Schokoriegel reintut. Ich brauche das nicht, ich kann verzichten.

Abnehmen erzählt hat, sich gerade einen Schokoriegel reintut. Ich brauche das nicht, ich kann verzichten.

Obwohl, eigentlich hätte ich ja auch Lust auf Schokolade. Aber Schokolade ist ein böses Lebensmittel. Ich darf nur gute Lebensmittel essen. Gute Lebensmittel haben wenig Kalorien und kaum Fett. Ich esse inzwischen fast nur noch Obst. Leider sättigt das kaum.

In letzter Zeit habe ich den Hunger schlechter im Griff und bekomme manchmal Fressanfälle. Wenn ich sowieso schon zu viel gegessen habe, dann kann ich mir auch einen richtigen Fressanfall erlauben, dann ist die Diät für den Tag eh gelaufen. Ich hasse diese Tage. Ich muss die Fressattacke dann in der Folge durch krasseres Hungern ausgleichen.

Mein Körper macht so langsam schlapp. Den Berg zur Schule komme ich kaum noch hoch. Ich friere ständig. An Sport ist nicht zu denken. Meine letzten „Tage" sind schon Monate her. Darum nehme ich jetzt die Pille. Der Frauenarzt hat gemeint, ich wäre magersüchtig. Darum habe ich ein paar Mal mit Psychologinnen gesprochen und bin in eine Selbsthilfegruppe gegangen. Aber mir bringt das nichts.

Wozu soll ich mich auch um eine Zukunft bemühen? Ich hatte schon als Kind immer den geheimen Verdacht, dass aus mir nie was wird. Ich konnte nicht begründen, warum, aber der Selbstzweifel nagte ständig an mir. Mein Selbstwertgefühl war im Keller. Dabei hatte ich eine heile Familie und war gut in der Schule. Aber ich habe nie an mich geglaubt oder an eine Zukunft für mich. Ich habe gedacht, ich pack es nicht, das Leben zu meistern. Aber die Hungerleistung, wenigstens die hab ich in der Hand! An ihr kralle ich mich fest.

Ich habe gedacht, ich pack es nicht, das Leben zu meistern. Aber die Hungerleistung, wenigstens die hab ich in der Hand!

Eines Tages sagt der Pastor meiner Gemeinde: Manche machen sich ja auch selber kaputt.

Er sagt das gar nicht zu mir, aber irgendetwas Hartes in mir zerbricht in diesem Moment. Auf einmal muss ich weinen. Ich kann nicht mehr. Meine Kräfte sind am Ende, und erst jetzt merke ich das.

Wir setzen uns zu zweit zusammen und, um das Gespräch zusammenzufassen, er stellt mir die Frage: Willst du leben oder sterben?

Manchmal gibt es nur schwarz oder weiß, und man muss sich entscheiden. Ich will leben! Aber anders als vorher.

Ich dachte, ich hätte die Kontrolle. Aber ich wurde kontrolliert. Von einer Sucht.

Jetzt wollte ich stattdessen etwas ganz Neues wagen: vertrauen. Auf Gott. Von dem hatte ich schon als Kind viel erzählt bekommen, und natürlich hatte ich schon länger geahnt, dass er wohl kaum von meinem Umgang mit mir begeistert sein kann. Aber ich wollte ihn immer aus der Sache mit dem Hungern raushalten. Nun sollte sich das ändern.

Darum habe ich gebetet und mein Leben und meine Zukunft in dem Moment an ihn abgegeben. Es war wie mein Leben loslassen und dadurch neu gewinnen. Eine paradoxe Sache, aber eine gute.

Nun wusste ich, irgendetwas wird anders. Wie sollte ich noch weiter mich und meinen Körper hassen und vernichten wollen, wenn da ein Gott ist, der mich „richtig" erschaffen hatte? Außerdem: Ein Geschöpf zu sein heißt für mich, einen Sinn im Leben finden zu können. Einen anderen Sinn als Selbstzerstörung. Natürlich ist Selbstzerstörung schön dramatisch, aber letztlich führt sie zu nichts.

Es war nicht so, dass ich auf einen Schlag geheilt worden wäre. Aber Gott ist einen Weg mit mir gegangen.

Eine der wichtigsten Stationen auf diesem Weg war der wochenlange Aufenthalt in einer Klinik. Anders als bei allen Therapieanläufen davor konnte ich mich diesmal wirklich darauf einlassen. Ich habe mir nicht mehr eingeredet, dass die Gespräche mir nichts bringen. Die Therapie dort war wie Hilfe zur Selbsthilfe.

Ich nahm in der Klinik mehr und mehr zu. Das musste man auch, ein Kilo pro Woche war Pflicht. Sonst gab es Sanktionen wie Hausarrest. Klingt hart, war aber ein guter Ansporn! Das Lustige daran war, dass ich mich parallel zur Gewichtszunahme im Spiegel als immer schlanker wahrnahm. Mein Gewicht und die Wahrnehmung von meinem Körper bewegten sich sozusagen von zwei Seiten aufeinander zu. Mir wurde klar, dass ich in der Zeit der Krankheit überall Fett gesehen hatte, wo in Wahrheit nur Haut und Knochen gewesen waren.

Das Lustige daran war, dass ich mich parallel zur Gewichtszunahme im Spiegel als immer schlanker wahrnahm. Mein Gewicht und die Wahrnehmung von meinem Körper bewegten sich sozusagen von zwei Seiten aufeinander zu.

Noch etwas Schönes geschah: Meine Gedanken wurden immer freier. Ich konnte wieder vor mich hin träumen und den Augenblick genießen. Das gedankliche Dauerthema Essen rückte mehr und mehr in den Hintergrund.

Und ich traf in der Klinik auf sehr nette Freundinnen. Das war überhaupt einer der wichtigsten Punkte: Menschen kennenzulernen, die aus eigener Erfahrung verstehen, wie es in einer Essgestörten aussieht. Wir unterstützten uns gegenseitig beim Wiederessen-Lernen: Wie groß ist jetzt eigentlich eine normale Mahlzeit? Sollte ich mir diesen Pudding noch gönnen? Sehe ich schon fett aus? Übrigens sind drei Viertel der Essgestörten normalgewichtig. Man sieht ihnen ihre Sucht nicht an.

Ich habe während der Therapie aber auch Frauen kennengelernt, die seit zehn Jahren oder länger magersüchtig und bulimisch waren. Unnahbare Skelette mit leeren Augen und von Magensäure zerfressenen Zähnen. Ihre Bekanntschaft zu machen stärkte meinen Willen, gesund zu werden, enorm.
Der Wille, gesund zu werden, ist sehr wichtig. Für mich hieß das, mich dem Gewicht, dem Leben und meinen Selbstwertproblemen, die hinter der Essstörung standen, zu stellen.

In gewisser Weise heißt es das bis heute, acht Jahre später. Inzwischen studiere ich in Berlin, bin glücklich verheiratet und genieße die schönen Dinge im Leben wie zum Beispiel … essen! Oft fühle ich mich monatelang frei von der Magersucht und liebe meinen Körper so, wie er ist. Die Magersucht zu überwinden hat mir viel Selbstbewusstsein gegeben. Mir ist heute die Erfahrung der Heilung viel wichtiger als das Gefühl von früher. („Ich kann hungern!") Doch es gibt auch Zeiten, in denen muss ich gut aufpassen, dass ich genügend esse. Ich bin immer noch gut im Zweifeln und Skeptisch-Sein, auch in Sachen Glaube an Gott. Aber er hat mir die Kraft gegeben, in meinem Leben einen neuen Weg einzuschlagen. Wem, wenn nicht ihm, sollte ich vertrauen?

Aisha Acar (Name geändert)

Durchgestartet

Gute Ideen liegen manchmal in der Luft. Aber wer wagt es, sie zu „fassen" und etwas daraus zu machen? Nur jemand, der genug Selbstbewusstsein hat und an „seine" Idee glaubt. Auch gegen Widerstand. Auch als Frau. Auch als Türkin. Und über alle Rückschläge hinweg.

Aisha Acar (41) kam im Alter von drei Jahren aus der Türkei nach Berlin.

„Ihre Tochter wird eines Tages in der Gosse landen!" Zum Glück verstanden meine Eltern nicht genug Deutsch, um zu wissen, was eine Gosse ist. Mein Vater wäre meinem Klassenlehrer sonst vermutlich an den Kragen gegangen. Ich war beim Gespräch meiner Eltern mit dem Lehrer dabei und habe übersetzt: „Ihre Tochter wird einmal Putzfrau werden." Na, auch nicht so nett, aber mein Vater blieb wenigstens auf seinem Stuhl sitzen. Mein Klassenlehrer Helmut Drossel – er mochte mich nicht und ich ihn nicht. Irgendwie war ich auch ziemlich schräg drauf damals. Ein bisschen punkmäßig gekleidet. Und ich gebe zu, ich habe mich extrem auffällig benommen. Einige Tadel pro Schuljahr waren Standard. Denen wollte ich es zeigen! Ich fühlte mich nämlich auf ganz ungerechte Weise zurückgesetzt. Meine Grundschullehrer hatten mir eine Realschulempfehlung gegeben. Ich war so stolz! Und meine Eltern haben mich natürlich gern in der Realschule angemeldet.

Doch ein paar Wochen später kam ein Brief der Schulbehörde: Ich solle jetzt doch zur Hauptschule wechseln. Ich ging sofort zur Realschule und protestierte, aber die Hauptschule rückte meine Akte nicht mehr raus, und so landete ich dort. Ich wusste vom ersten Tag: Hier gehöre ich nicht hin. Mir war es schon peinlich, auch nur das Gebäude zu betreten. Eigentlich hätte ich es ihnen jetzt zeigen können und gute Leistungen bringen. Aber ich reagierte trotzig, mit Rebellion und Verweigerung. Schon bald war ich in der ganzen Schule bekannt wie ein bunter Hund. Mit Hängen und Würgen habe ich gerade so den Hauptschulabschluss geschafft. Auf dem Zeugnis standen zwei Fünfen und eine Masse Vieren. Ein richtig schlechtes Abgangszeugnis. Deshalb sage ich heute oft zu meinen Mitarbeiterinnen: „Noten sagen noch gar nichts über einen Menschen, auch nicht wie viele Kinder er hat, wie oft er geschieden ist ...."

Mit Hängen und Würgen habe ich gerade so den Hauptschulabschluss geschafft. Auf dem Zeugnis standen zwei Fünfen und eine Masse Vieren. Ein richtig schlechtes Abgangszeugnis.

Ich war also fertig mit der Schule und die Schule mit mir. Aber jetzt wollte ich endlich durchstarten. Ich meldete mich sofort zum Abendkurs für den Realschulabschluss an. In meinem Kopf hatte ich einen festen Plan: Erst machst du die Mittlere Reife, dann wirst du Krankenschwester.

Morgens machte ich in einem Krankenhaus ein Praktikum, abends ging ich zur Schule. Und es klappte! Nach einem Jahr hatte ich die Mittlere Reife und einen Ausbildungsvertrag als Krankenschwester in der Tasche.

Aber als ich dann mit all den anderen angehenden Krankenschwestern die Schulbank drückte, überfielen mich Minderwertigkeitsgefühle. Manche hatten Abitur, einige hatten sogar ein paar Semester Medizin studiert. Das war ein ganz neues Gefühl: Vielleicht war ich ja doch dumm!? Die anderen benutzten Wörter, die ich noch nie gehört hatte. Sie sagten „distanziert", „adäquat" oder „Diskretion", und ich saß da und dachte: Alle sind klug, nur ich nicht.

Das erste Ausbildungsjahr schaffte ich auch wirklich nur mit Müh' und Not. Aber dann merkte ich, wie unsicher die anderen oft auf Station waren. Ich habe keine Scheu, Menschen zu berühren. Ich streichele sie, gebe hin und wieder sogar ein Küsschen. Einen alten Menschern nehme ich auch mal in den Arm. Das ist in unserer Kultur ganz selbstverständlich. Ich beobachtete auf Station, wie meine schlauen Klassenkameradinnen oft im Umgang mit den Patienten seltsam steif waren. Das gab mir Selbstbewusstsein: Ich kann das! Ich bin am richtigen Platz!

Im zweiten Ausbildungsjahr war ich dann schon guter Durchschnitt, und am Ende gehörte ich zu den Besten. Jetzt spürte ich eine richtige Flamme in mir. Na, seht ihr – klappt doch! Ich wollte nur noch weiterlernen. Das war das Jahr, in dem ein neues Hochschulgesetz erlassen wurde, das einem erlaubte, nach vier Jahren Berufspraxis an die Uni zu gehen. Hervorragend! Wie für mich geschaffen. Ich sammelte vier Jahre Berufserfahrung in der Suchtabteilung eines Krankenhauses. Und als das geschafft war, brachte ich meine Bewerbungsunterlagen an die Uni. Was ich nicht wusste: 250 Leute hatten die gleiche Idee wie ich, es standen aber nur drei Plätze für uns „Sonderfälle" zu Verfügung. Das war ein echter Schock für mich. Also stiefelte ich ins Sekretariat der Dekanin: „Ich brauche einen Termin und muss mit der Dekanin reden!" Irgendwie scheine ich ausgestrahlt zu haben: „Sie müssen mich nehmen!" – Was sie dann auch tat.

„So Leute wie Sie brauchen wir hier", antwortete die Dekanin mir später, als ich sie einmal fragte, warum ich eigentlich zu den drei Glücklichen gehört habe.

Und noch etwas fragte ich sie: „In wie viel Semestern kann man das hier machen?"

„Das Minimum sind sieben, der Durchschnitt liegt bei zwölf Semestern."

Da hatte ich wieder mein Ziel: sieben Semester!

Halbtags arbeitete ich von nun an als Krankenschwester, um Geld zu verdienen. Neben der Arbeit und dem Studium feierte ich Verlobung und schließlich Hochzeit. Mein Mann kam auch aus der Türkei und ist Bauingenieur. Schon bald bekamen wir unser erstes Kind und nach eineinhalb Jahren ein zweites. Das kam pünktlich direkt nach meinem Diplom. Und das hatte ich tatsächlich nach sieben Semestern in der Tasche!

Bereits im zweiten Semester hatte ich meinem alten Hauptschul-Klassenlehrer, Herrn Drossel, eine Postkarte geschickt: „Hier schreibt Ihnen die Schülerin, von der sie gesagt haben, dass sie in der Gosse landet. Ich studiere jetzt im zweiten Semester Diplom-Pädagogik."

Das brauchte ich irgendwie. Er reagierte natürlich nicht. – Egal.

Als ich mein Diplom bekommen hatte, legte ich die beiden Zeugnisse nebeneinander. Dort mein Hauptschulzeugnis mit den Fünfen und Vieren und hier das Uni-Zeugnis. Ich war schon ziemlich stolz. Auch deshalb sage ich das meinen Leuten immer wieder: „Noten sagen gar nichts über die Fähigkeit eines Menschen. Er braucht eine Chance." Und noch was: „Kinder sind eine Bereicherung und kein Hindernis."

Nach dem Diplom begann ich freiberuflich als Sozialarbeiterin zu arbeiten. Ich besuchte Arztpraxen und half meinen türkischen Mitbürgern, Rentenanträge auszufüllen und die Regeln der Pflegeversicherung zu verstehen. Da saßen sie vor mir, die alt gewordenen Menschen, die doch so andere Pläne gehabt hatten, als sie damals als „Gastarbeiter" nach Deutschland kamen: fleißig arbeiten, alles sparen, was man nicht dringend zum Leben braucht, und dann zurück in die Heimat! Und jetzt war alles so anders gekommen. Die Kinder wollten nicht weg. Das Alter kam so schnell. Oft noch schneller als bei anderen, weil diese Leute jahrzehntelang körperlich so hart geschuftet hatten. Und vor meinen Augen entstand ein Ziel: Aisha, gründe einen kulturspezifischen Pflegedienst! Den gab es in Berlin noch nicht – wie auch sonst nirgends in Deutschland.

„Also, wenn man so eine Einrichtung bräuchte, gäbe es die doch schon lange."

Schon bald begegnete ich einem türkischen Arzt, der dieselbe Idee hatte. Er wurde Teilhaber, wir entwickelten das Konzept für die Krankenkassen, und schon nach wenigen Monaten war alles unterschriftsreif. Gut, es gab da schon ein paar Hürden. Begriffsstutzige Bankmitarbeiter zum Beispiel: „Also, wenn man so eine Einrichtung bräuchte, gäbe es die doch schon lange." Die Hürden nahmen wir aber alle. Auch die nötigen Bank-Darlehen bekamen wir schließlich. Und die acht examinierten Altenpflegerinnen, die wir für eine kassenärztliche Zulassung brauchten, fanden sich auch. Wir waren startbereit!

Morgen unterschreiben wir und bekommen die Zulassung. Wieder ein Ziel erreicht! Ich war beseelt von diesem Gedanken. Aber mein Mann drohte mir. Wie oft war er in den letzten Monaten gewalttätig geworden, hatte geschrien: „Das machst du nicht!"? Meine Selbstständigkeit machte ihm Angst. Offensichtlich glaubte er, ich würde ihn verlassen. In der Nacht vor dem Vertragsabschluss mit den Krankenkassen drohte er: „Du wirst morgen die Wohnung nicht verlassen, dafür werde ich sorgen!"

Am Morgen mache ich mich fertig, schminke mich – und er macht Ernst. Brutal schlägt er mich zusammen, ich versuche, mein Gesicht zu schützen. Ich liege am Boden, und er sagt: „So, jetzt kannst du gehen."

Ich schaffe es, meine beste Freundin anzurufen. „Ich kann nicht kommen." Aber sie kommt, wäscht mein Gesicht, bringt mich zum Ort der Unterzeichnung.

Ich sitze in diesem Raum. Die inneren Bilder laufen wild durcheinander. „Du unterschreibst gleich etwas, was noch nie vorher jemand versucht hat. Ein kulturspezifischer Pflegedienst. Und zu Hause verprügelt dich dein Ehemann …" Die Tränen rollen mir über das Gesicht. „Was ist mit Ihnen, Frau Acar?" Vielleicht denken die anderen, ich weine vor Rührung. Geistesgegenwärtig zeige ich auf den Gummibaum: „Sehen Sie mal, wie viel

„Du unterschreibst gleich etwas, was noch nie vorher jemand versucht hat. Ein kulturspezifischer Pflegedienst. Und zu Hause verprügelt dich dein Ehemann …"

Staub auf den Blättern liegt! Ich bin Allergikerin." Ich unterschreibe.

Weinend lief ich an diesem Vormittag nach Hause.

„Mit Gewalt wirst du mich nicht zurückbekommen!", sagte ich gleich zur Begrüßung zu meinem Mann. Mit Worten war ich ihm gegenüber sehr klar, aber es dauerte noch einige Zeit, bevor ich den Mut hatte zu gehen. Ich, die Starke, die Klare, die mit den Zielen. Sogar vor den Mitarbeitern war er da schon gewalttätig geworden. Dann endlich schaffte ich es. Ich packte meine Koffer, nahm die Kinder und ging.

Ich verließ meinen schlagenden Mann.

Zur gleichen Zeit verließ mein Teilhaber, der türkische Arzt, unsere kleine Firma. Er hatte kalte Füße bekommen. Denn wir saßen in unseren Büroräumen mit einem tollen Konzept, motivierten Mitarbeitern – nur leider fehlten die Patienten. Acht examinierte Altenpflegerinnen standen auf unserer Gehaltsliste. Ohne sie hätten wir ja keine Krankenkassen-Zulassung bekommen. Unser Schuldenberg wuchs in atemberaubendem Tempo.

Alleinerziehend mit zwei kleinen Kindern, 180.000 DM Schulden bei der Bank, ein verloren gegangener Teilhaber, eine Firma, die nicht lief. Genug Gründe, um aufzugeben.

Alleinerziehend mit zwei kleinen Kindern, 180.000 DM Schulden bei der Bank, ein verloren gegangener Teilhaber, eine Firma, die nicht lief. Genug Gründe, um aufzugeben.

Oft saß ich in meinem Büro, das Kinderbettchen mit meiner jüngeren Tochter an meiner Seite, und meine beste Freundin sprach mir Mut zu. Aber ich habe nie gedacht, ich schaff es nicht. Ich glaubte ganz fest an unsere Idee. Wir mussten sie nur unter die Leute bringen, bekannt machen.

Häuslicher Pflegedienst – das können sich in der Türkei wohlhabende Menschen leisten, aber nicht der alt gewordene Fabrikarbeiter.

„Wir müssen die Idee zu den Leuten bringen, dann werden die Leute zu uns kommen." Das war's. Das funktionierte. Ich schaltete Werbung im türkischsprachigen Berliner Fernsehsender, wurde daraufhin zu Sendungen eingeladen und konnte über mein Projekt informieren. Danach lud mich auch das türkische Radio ein.

Plötzlich lief der Laden!

Sogar das Verhältnis zu meinem geschiedenen Mann entspannte sich jetzt so weit, dass wir uns beide verantwortlich um unsere Töchter kümmern konnten.

Es wäre schön, wenn ich an der Stelle schließen könnte, auf dem Höhepunkt einer Erfolgsstory. Leider geht das nicht. Ich habe in den letzten Jahren noch eine Menge Lehrgeld zahlen müssen. Es gab viele menschliche Enttäuschungen. Ich wurde bestohlen, mein Vertrauen wurde missbraucht. Aber der absolute Tiefpunkt war das Jahr 2004. In diesem Jahr bekam ich einen neuen Personalausweis. Auf dem Foto habe ich eine Glatze. Es war das Jahr, in dem ich eine Betriebssabotage erlebte und in dem ich meine Krankenkassenzulassung verlor. Ich hatte schon lange gespürt, dass ein Mitarbeiter der Firma Schaden zufügte, irgendetwas ausheckte – aber ich hatte nicht auf mein Herz gehört. Am Ende war die Katastrophe da: zwei Jahre Leitungsverbot. Eine riesige Strafsumme. Ich schor mir den Kopf ganz kahl und versprach Gott: „Ich werde in Zukunft auf meine Intuitionen hören!"

Ich gab nicht auf. Wie oft hatte ich schon anderen gesagt: „Du kannst um dein Selbstbewusstsein beraubt werden, aber es liegt an dir, es zurückzuerobern." – So, Aisha, dachte ich mir, jetzt bist du selber damit dran.

Zwei Jahre lang leitete eine Freundin übergangsweise die Firma. Ich blieb natürlich im Betrieb, und nach den zwei Jahren sind wir noch einmal voll durchgestartet.

Heute beschäftigen wir 200 Mitarbeiterinnen. Ganz viel Zeit und Geld fließen in die Aus- und Weiterbildung. Zurzeit haben wir 25 Auszubildende. Ich suche vor allem alleinerziehende Türkinnen, die sich zu Altenpflegerinnen ausbilden lassen wollen. „Deine Vergangenheit kannst du nicht ändern, aber für deine Zukunft kannst du etwas tun." – Wer das will, den nehme ich gern.

Gesprächsprotokoll: Claudia Filker

Susanne Krahe

Gegen den Augenschein

*Mit hochfliegenden Plänen und einem un-
erschütterliches Selbstbewusstsein geht die
junge Frau ins Rennen. Ihre Chancen stehen gut – bis der Wettkampf für sie abge-
blasen wird. Eine schwere Krankheit
macht alle Pläne zunichte. Doch es kommt noch
schlimmer. Und dann noch schlimmer. Wird sie überleben? Und
kann man so etwas überhaupt ertragen? Ja, sagt sie heute. Denn das
Leben ist gar keine Rennbahn. Und ein Platz auf dem Siegertreppchen ist nicht das Ziel aller Dinge. Es gibt anderes zu entdecken.*

*Susanne Krahe (49) ist Theologin und Schriftstellerin. Sie lebt in
Unna.*

„Überlebenskünstler" – so betitelte eine Journalistin die Spezies
von Menschen, über die sie einen Rundfunk-Beitrag schreiben
wollte. Sie recherchierte in „schwierigen" Lebensläufen die Ressourcen, die Lebenseinstellungen und die Anpassungs-Strategien,
die Menschen in den Stand setzen, persönliche Katastrophen so
in ihre Biografie zu integrieren, dass sie das Selbstbild nicht zerstören. Manchmal werde die eigene Identität durch eine Katastrophe sogar noch gefestigt und profiliert, meinte die Kollegin,
während sie ein voluminöses Mikrofon in ein kleinformatiges
Aufnahmegerät stöpselte. Auch mich hielt sie für eine solche
„Überlebenskünstlerin". Auch von mir erwartete sie plausible
Auskunft über die Bedingungen zur Bewältigung extremer Da-
seinskrisen. Die Psychologie, erfuhr ich, beziehe sich bei dieser
Fragestellung neuerdings auf die Bauweise von Wolkenkratzern.
Die Stahl-Kolosse müssen so konstruiert werden, dass sie den
Stürmen und Erdstößen nicht „trotzen", sondern im Unwetter

55

mitschwingen. In den obersten Stockwerken sind solche Schwankungen der Gebäude deutlich spürbar und verursachen Schwindel. Wer jemals im World Trade Centre im Restaurant durch eines der „windows of the world" gestarrt hat, weiß, wovon ich spreche. Für einen Moment rutscht der Horizont aus der Balance. Unverwundbar sind Wolkenkratzer, wie wir wissen, dennoch nicht. Aber wenn sie Erdbeben und Orkane überstehen, liegt es nicht zuletzt an ihrer eingebauten Flexibilität.

Zurück zu meiner „schwierigen" Biografie. Ich habe mir angewöhnt, mein fast 50-jähriges Leben in verschiedene Phasen einzuteilen. Ich spreche dann von meinem ersten Leben als sehender, von meinem zweiten Leben als blinder Mensch. Wie tief der Bruch zwischen diesen beiden Abschnitten ist, lässt sich mühelos nachvollziehen. Aber gibt es nicht auch einige Konstanten? Welche Grundsteine mussten in meinem ersten Leben gelegt werden, damit ich den Marsch durchs Leben Nummer 2 wagen konnte?

Der Vergleich mit den Wolkenkratzern ist gar nicht so schlecht. Es gab eine Zeit, da habe ich zu den Himmels-Stürmerinnen gehört. Mein Leben Nummer 1 hätte unter der Überschrift „Hopeful young woman" stehen können, wenn derartige Schubladen in den 1970er-Jahren schon englische Aufschriften getragen hätten. Die üblichen „Sorgen" habe ich weder Eltern noch Lehrern gemacht. Meine spätpubertären Ausbrüche beschränkten sich auf einsame Mofafahrten

Es gab eine Zeit, da habe ich zu den Himmels-Stürmerinnen gehört. Mein Leben Nummer 1 hätte unter der Überschrift „Hopeful young woman" stehen können.

über die Dörfer. Mehr Freiheit brauchte ich nicht. Alle Frustrationen und Sehnsüchte haute ich in eine mechanische Schreibmaschine. Schule war Nebensache, fiel mir aber immer leicht, erst recht in der Oberstufe, wo ich meine eigenen Schwerpunkte setzen durfte, und da ich seit meiner Konfirmation unbeirrt an meinem Berufswunsch „Pastorin" festhielt, ergaben sich diese Schwerpunkte wie von selbst. In gerader Linie steuerte ich auf das

Theologiestudium zu. Als Pastorin würde ich nie Blumentöpfe gewinnen, nie Geld scheffeln und vom Rest der Welt belächelt werden, das war mir klar. Entsprechend mühsam gewöhnten sich meine Eltern an den Gedanken, in ihrem Geschäfts-Haushalt ausgerechnet eine Theologin großgezogen zu haben. Theologie: Brauchte ich dazu nicht jede Menge ausgestorbener Sprachen wie Griechisch und Hebräisch? Hatte ich Lust, solchen antiken Kram zu lernen? Meine Mutter gab ungeniert zu, dass sie sich Kirchenfrauen nur in Kostüm und Lackschühchen vorstellen konnte, und gerade die hatte ich aus meiner Garderobe verbannt. Außerdem empfand sie mich als einen „nehmenden", nicht als „gebenden Charakter", was ebenfalls ihrem Bild von einer Pastorin widersprach.

Und wenn schon: Ich würde das schaffen; das Studium sowieso und auch all die falschen Vorstellungen über mein Fach: Ich würde sie richtigstellen. Etwas Anderes, etwas weniger Schwieriges, etwas Oberflächlicheres, etwas weniger Besonderes als Theologie kam für mich einfach nicht in Frage. Ich wollte tief schürfen, wo andere sich damit begnügten, an lästigen Verkrustungen herumzukratzen. Etwas Absolutes musste es sein, etwas Radikales oder was ich dafür hielt. Ich bewunderte mich selbst für meinen faustischen Mut und ging davon aus, dass auch alle anderen meinen Mut und mich bewunderten. Dass ich irgendeine Hürde auf dem steinigen Weg ins pastorale Berufsleben nicht nehmen oder über irgendetwas stolpern, von irgendetwas auch nur in meinem Eifer gebremst werden könnte, kam mir nicht in den Sinn.

Es muss in der 11. Klasse gewesen sein. Kurz vor einem achtwöchigen Schüleraustausch in den USA besuchte ich, um mein Englisch ein bisschen aufzumöbeln, einen Konversationskurs der Volkshochschule. Der Lehrer war ein Brite aus Brighton. Er suchte für seine Hörerinnen zu jeder Sitzung ein neues Gesprächsthema aus. Manchmal gab ein Zeitungsartikel den Anstoß, manchmal sollten wir frei unsere Gedanken in englische Redewendungen fassen. Wie zum Beispiel hatten wir unsere Zukunft geplant? An welchen bekannten oder noch unbekannten Wohnorten, im Ausland oder im Inland, mit oder ohne Ehepartner und Familie, mit oder ohne Studium, mit oder ohne eigenes Haus? Für einige Damen in unserem Kreis, die ich damals bedenkenlos für alt hielt, wurde das Thema ein wenig variiert: Leben Sie heute so, wie Sie es vor 20, vor 30 Jahren geplant hatten? Welche Träume haben sich nie erfüllt, welche Sehnsüchte sind geblieben?

Es ist bezeichnend für die Egozentrik einer 16-Jährigen, dass ich mich an keinen einzigen Beitrag der anderen Kursteilnehmer erinnere, selbst an die Pläne und Träume der Klassenkameradinnen nicht, die mit mir zusammen den VHS-Kurs besuchten. Nur meine eigenen Vorhaben und wie selbstbewusst ich sie ausposaunte, erinnere ich noch genau. In einer Großstadt fern der Heimat würde ich studieren, vielleicht in München, aber auch für mindestens ein Jahr ins Ausland gehen. Nach dem Studium wollte ich mal hier, mal dort in der großen, weiten Welt Fuß fassen, ob mit oder ohne Familie, war doch egal. Als Theologin würde ich einige Zeit in der Gemeinde, einige Zeit in einem Spezial-Pfarramt und abschließend an der Universität arbeiten. Mindestens promovieren wollte ich, ach was, warum nicht gleich die Habilitation! Und nebenbei, wie zur Entspannung, würde ich Romane schreiben. Zwei, drei fertige Manuskripte warteten in meiner Schublade bereits auf einen Verlag. „Stop! You want to do everything, don't you?" Er hatte recht. Ich wollte überall leben, alles Mögliche tun und schaffen, beanspruchte jeden Winkel der Erde für mich, wollte mir alles und jeden untertan machen, gierig und skrupellos.

Aus dem Rückblick ist mir diese Szene peinlich. Menschen mit ähnlichem Ehrgeiz stoßen mich ab. Selbst wenn sie ihre hochtrabenden Wünsche damit rechtfertigen, mit ihren Künsten die Welt verbessern zu wollen, habe ich nur ein müdes Lächeln für solche Erklärungen übrig. Auch ich bin mir damals weder ehrgeizig noch angeberisch vorgekommen. „Hochmut kommt vor dem Fall": Diese Weisheit hätte ich nie auf mich selbst angewendet.

Was eine fast 50-Jährige „Größenwahn" nennt, war für eine gesunde, begabte und behütete 16-Jährige nur der Ausdruck ihrer naiven Überzeugung, dass das Leben planbar ist. „Ich kann alles schaffen, solange nur mein Wille eisern bleibt." Diese Illusion haben viele junge und viele nicht mehr junge Menschen. Sie ist Teil ihrer Vitalität. Dass der Mensch zwar denkt, Gott aber lenkt, dass der Mensch viel dachte, Gott aber lachte …, gehört erst, wenn überhaupt, zu den Altersweisheiten.

Was eine fast 50-Jährige „Größenwahn" nennt, war für eine gesunde, begabte und behütete 16-Jährige nur der Ausdruck ihrer naiven Überzeugung, dass das Leben planbar ist.

Der Diabetes gehört zu den unterschätzten Defekten, die einen menschlichen Organismus destabilisieren, schädigen und schließlich zerstören können. Wo über die sogenannte Zuckerkrankheit geredet wird, lassen wir das Wort „Krankheit" am liebsten unter den Tisch fallen. Was dann noch übrig bleibt, der „Zucker", klingt harmlos, wattig, süß. „Volkskrankheit": Haben wir so etwas nicht alle? „Zivilisationsübel": Das kann man doch vermeiden, wenn man mit Sport und Askese gegen die Folgeschäden unseres Luxuslebens ankämpft. So die populäre Einschätzung. Disziplin, regelmäßige Kontrollen und die Ausrichtung meiner Lebensplanung an dem unerbittlichen Diktat einer Armbanduhr: Mehr Bedingungen stellen nicht mal die Internisten. Der Verzicht auf Eis und Torte – macht knapp die Hälfte, nicht wahr?

Hier ist nicht der Ort, mit all den verbreiteten Irrtümern und Verwechslungen aufzuräumen. Deshalb begnüge ich mich mit der Angabe, dass die Diagnose „Jugend-Diabetes" mich vier Wochen vor den Abiturprüfungen auf eine Intensivstation katapultierte. In den etwa drei Monaten, in denen sich die Symptome der Krankheit zur Qual gesteigert hatten, war ich mir selbst fremd geworden, so durstig und schwach und abgemagert, wie mein Körper mein „Ich" auf seine elementarsten Bedürfnisse reduziert hatte. Mit der ersten Insulinspritze legte sich der animalische Durst, mein Körper fühlte sich fast so unauffällig an wie früher. Während ich in meinem Krankenbett dem Sterben meiner Mitpatienten und der Hektik in der Station ausgesetzt war, dachte ich an nichts anderes als an mein gefährdetes Abitur.

Während ich in meinem Krankenbett dem Sterben meiner Mitpatienten und der Hektik in der Station ausgesetzt war, dachte ich an nichts anderes als an mein gefährdetes Abitur.

Nicht mir selbst, aber meiner Mutter kam damals zum ersten Mal der Gedanke, dass ich es nicht schaffen, dass ich diese Intensivstation vielleicht nicht mehr lebendig verlassen könnte. Meine Blutzuckerwerte rangierten in Rekordhöhen, mein säuerlicher, nach Aceton riechender Atem qualifizierte meinen Zustand als „präkomatös". Sie habe doch schon mal ein Kind verloren, klagte meine Mutter einer der Intensiv-Schwestern und erhielt prompt die Antwort: „So weit ist es aber noch nicht." Meine erste Insulinspritze hielt sie da bereits in der Hand, um diese Tochter einschlägig vorgeschädigter Eltern zu retten, vor dem Koma, das kurz vor ihrem Bewusstsein stehen geblieben, vor dem Tod, dem die Tür vor der Nase zugeschlagen worden war. In den dreieinhalb Wochen, die ich zur Erst-Einstellung meines Diabetes im Krankenhaus verbringen musste, arbeitete sich der Gedanke, dass ich mich in höchster Lebensgefahr befunden hatte, immer mal wieder an meinen Ängsten um das Abitur vorbei. „Glück gehabt!", kam mir dann zu Bewusstsein. Ich unternahm einsame Wanderungen durch die Klinikflure, magisch angezogen von den Behandlungsräumen der chirurgischen Ambulanz. Hinter einer dieser breiten Schiebetüren war acht Jahre zuvor der Unfalltod meines Bruders festgestellt worden. Er hatte nicht geschafft, was mir in letzter Minute gewährt worden war: „Gerettet!" Wenn meine Gesundheit auch nur noch „bedingt" war, wie es medizinisch ausgedrückt wurde, wenn ich auch von jetzt an mit einer chronischen, also unheilbaren Krankheit leben musste – die erste wirkliche Prüfung meines 18-jährigen Lebens hatte ich bestanden, und dieser Herausforderung gegenüber waren die Abiprüfungen nur noch ein Klacks.

Meinen Optimismus habe ich von meinem Vater geerbt. Dass ausgerechnet er kaum noch Zuversicht für meine Zukunft hegte, tat besonders weh. Mir gegenüber verschwieg er seine Befürchtungen. Aber in seinem Freundeskreis fluchte er direkt nach der Diagnose meiner Krankheit, damit sei meine gesamte Karriere kaputt. Heute denke ich über diese Prognose anders als mit 18. Wenn sie mich ärgert, dann nur, weil die Kategorie „Karriere" ihren führenden Rang in meiner Werteskala verloren hat. Ein Leben spielt sich nicht in der Rennbahn ab. Meine Platzierung auf dem Siegertreppchen verleiht meinem Dasein weder Sinn noch Tiefe. Hätte mein Vater geargwöhnt, mein ganzes Leben sei mit dem Diabetes unlebbar geworden, wäre das eine zwar ebenso verkehrte, aber eine reifere Einschätzung meiner Lage gewesen als die zwanghafte Fixierung auf meine Karriere. Damals störte mich diese Fixierung nicht, nur ihr Ergebnis. Einer zuckerkranken Tochter traute mein Vater keine Leistungen mehr zu. Das beleidigte mich. Noch war ich ganz Vaters Tochter, lief ja selbst noch in der großen Arena um die Wette, war nur vorübergehend wegen Atemlosigkeit ausgeschieden und würde spätestens zum schulischen Endspurt wieder am Start stehen.

„Nein" soll das allererste Wort gewesen sein, das ich als Baby aussprechen konnte, laut und deutlich. Noch vor „Mama", „Papa" und „Auto" fand ich den prägnanten Ausdruck für die Möglichkeit, alle Angebote der Welt, alle Verführungen und Versuchungen, alle Chancen abzulehnen. „Nein!" Meinem Vater würde ich beweisen, dass seine Horrorvision nur eine Horrorvision und ein Diabetes ein Diabetes, keineswegs aber das Ende der Laufbahn einer „hopeful young woman" war. Jetzt erst recht würde Vaters Tochter Karriere machen.

Um es kurz zu machen: Mit der akademischen Karriere ist es nichts geworden. Mein Studium allerdings habe ich tatsächlich noch zum Abschluss gebracht. Ohne Auslandssemester und ohne ein einziges Mal den Studienort zu wechseln, verschrieb ich mich mit Haut und Haar der bodenständigen, bibel-orientierten Wissenschaft von Gott und der Welt, Gott und den Menschen, wie sie im provinziellen Münster gelehrt wurde. Es war die richtige Entscheidung. Das Gefühl, in denselben Bahnen zu denken wie meine Lehrer und Kommilitoninnen, befreite mich von dem koketten Eindruck, in der Welt der Materialisten und Pragmatiker einsam in einer Ecke zu stehen. Gerade in den ersten Semestern mutierte die einsame Wölfin erstaunt zu einem Rudeltier, freute sich an Spiele-Abenden, Tee-Besäufnissen und Kaffeekränzchen mit gruppendynamischem Einschlag. Neue Freundschaften, Liebesversuche. In diesen wichtigsten sieben Jahren meines Lebens stellten sich die Weichen für eine holprige Fahrt durch den Rest meines ersten Lebens und weit darüber hinaus. An die Menschen, die für dieselbe Sache eintraten wie ich, hatte ich große Erwartungen. Ich hielt sie für grundsätzlich solidarisch, für bereit und fähig zu Mitleid, zum Mitleiden. Es ging längst nicht mehr um Noten und Platzierungen. Es ging auch nicht um Lernen, um Anhäufung von Wissen oder um die Bereitstellung von Lösungen und Techniken. Um Erkennen ging es, um das Verstehen und seine Grenzen, um das Begreifen von Paradoxen und das Wagnis, nicht nur geradeaus, sondern um die Ecke zu denken. Vom ersten Semester an interessierten mich die akademischen Lorbeeren, mit denen auch die Theologie ihre Begabten und Fleißigen gern schmückt, weit weniger als das denkerische, existenzielle Rüstzeug, mit dem das biblische Menschenbild jeden auffängt, der durch das Raster von Leistung und Begabung rutscht. „Die Letzten werden die Ersten sein" (Matthäus 20,16) und „Wo ich schwach bin, bin ich stark" (2. Korinther 12,10). Das waren die Kernsätze des Evangeliums. Sie stellten meine Werteskala auf den Kopf. Wenn auch ich diesen Kopfstand hinkriegte, würde meine neue Weltsicht mich vom Zwang des Ehrgeizes befreien und mir den moralischen und medizinischen Druck, mit dem meine Gangart beschwert wurde, aus den Beinen ziehen. Vorerst blieb das allerdings Theorie.

Unterschätzt habe ich meinen Diabetes nie. Ich wusste, was ein mangelhafter Stoffwechsel anrichtet: Er destabilisierte meinen

Organismus, die unverbrannten Zuckerkristalle schädigten meine Zellen und Gefäße, zerstörten mein Augenlicht, meine Nieren und alles mögliche andere. Ich wusste das und bekam die teuflischen Zersetzungsattacken des chronischen Insulinmangels schon bald nach Studienbeginn deutlich zu spüren. Neben den „normalen" Schwankungen zwischen viel zu hohen und viel zu niedrigen Blutzuckerwerten, die zu Stoffwechsel-Zusammenbrüchen und „Schock"-Symptomen führten, plagten mich diverse Infektionen, Wundheilstörungen, schließlich sogar eine Herzmuskel-Entzündung. Immer mal wieder zwang mich mein entgleister Gesundheitszustand zu Zwangspausen in Krankenhäusern. Immer wieder nahm ich mir mehr Disziplin vor und schwor, besser auf die Hilferufe meines Körpers zu achten. Letztlich würde diese Krankheit nicht mich, sondern ich würde die Krankheit an die Kette legen. An dieser Illusion hielt ich fest wie eine Gefangene an dem Traum von der Freiheit, obwohl sie jeden Morgen in ihrer Zelle erwacht.

Immer wieder nahm ich mir mehr Disziplin vor und schwor, besser auf die Hilferufe meines Körpers zu achten. Letztlich würde diese Krankheit nicht mich, sondern ich würde die Krankheit an die Kette legen.

Ob der Diabetes allein die Ursache für meine zunehmenden Beeinträchtigungen war, sei dahingestellt. Ganz sicher hatten die Sehstörungen, die mir kurz vor dem Examen das Lesen nur noch mit Lupe erlaubten, keine andere Ursache als meinen schlecht eingestellten „Zucker". Diabetischer grauer Star: ein unüberhörbarer Warnschuss. Zwar ließ sich das noch operieren; ein Chirurg schnitt mir das Auge auf und riss meine getrübte Linse aus ihrer Kammer. Fortan würde ich mit einer Kontaktlinse und diversen Brillen in eine leicht verzerrte Welt starren und ja, ihre Farben so intensiv wahrnehmen wie seit Langem nicht mehr. Auch das Lesen war wieder ohne Lupen möglich. Andererseits: Mit diesen ersten, vergleichsweise harmlosen Veränderungen am Auge war die Zuckerkrankheit in die Finalrunde eingelaufen. Ich zweifelte nicht mehr daran, dass sie mich besiegen würde. Die

Ödeme in meinen Unterschenkeln waren erste Anzeichen der einsetzenden Niereninsuffizienz. Auch das war mir klar. Ich reagierte wie der nierenkranke Patient in einer Erzählung von Adolf Muschg: Er habe gewusst, was los war, berichtet der Mann dem Ich-Erzähler, seinem Bettnachbarn im Krankenhaus. Nur habe er noch nicht ständig daran denken wollen. Mir ging es ganz ähnlich. Nach meinem Examen wollte ich noch ein Weilchen in der Illusion leben, die Arbeit an meiner Dissertation abschließen zu können. Diese Vorstellung einer wissenschaftlichen Laufbahn pflegte ich sehr sorgfältig, obwohl sich in meinem Hinterstübchen allmählich die Ahnung ausbreitete, dass ich ein Luftschloss baute.

Resignation? Ergebung? Ich bin nicht sicher, wie ich meine Haltung nennen und erst recht nicht, wie ich sie beurteilen soll. Chronisch Kranke sind nie ganz Opfer, nie ganz Täter beim Umgang mit ihrem Leiden. Angst hatte ich, ganz gewiss. Statt mich zu einem Gegenangriff zu mobilisieren, legte sie meine Widerstandskräfte lahm. Oder hatten mich die jahrelangen Kämpfe einfach erschöpft? Auch an Angst, selbst an Todesangst gewöhnt sich das Gewohnheitstier Mensch.

Viel später und nachdem ich längst in meinem Leben Nummer 2 gelandet war, erinnerte mich eine Studienfreundin daran, dass ich schon in meinem ersten Semester einen vollkommen „abgeklärten" Eindruck gemacht hatte. Auf die Entscheidung für oder gegen Kinder zum Beispiel hatte ich keinen Gedanken verschwendet. „Ich werde sowieso nicht alt!", hatte ich prognostiziert. Ich rechnete nicht mal damit, ein mittleres Alter zwischen 35 und 45 überhaupt zu erreichen. Umso intensiver wollte ich das Hier und Jetzt, vielleicht gerade noch das Morgen leben. Übermorgen würde ausfallen. Übermorgen war nicht vorgesehen.

Mit Anfang 20 sagt sich das fast beschwingt. Locker warf ich die Jahre, die ich nicht mehr erleben würde, über die Schulter, mit federnder Hand und schwerelosem Herzen, als wögen sie nichts. „Kurz, aber heftig!", hieß meine Devise. Sie hatte etwas von Hollywood.

Je näher ich der magischen 30 rückte, desto deutlicher drang der bittere Geschmack eines frühen Endes durch. Falls ich noch ein paar unerfüllte Träume hatte, sollte ich mich langsam daran machen, sie mir zu erfüllen.

Die USA-Reise war solch ein Traum. Mit dem Mietwagen von Kalifornien bis zu den Niagara-Fällen zu fahren, von Westen nach Osten, von Mississippi zu Missouri, von Motel zu Motel, jeden Tag eine neue Landschaft, eine neue Wüste, eine neue Weite, eine landschaftliche Sensation. Danach sehnte ich mich seit den acht Wochen, die ich als Schülerin im amerikanischen Mittelwesten verbracht hatte. Prüfungen und Prüfungsvorbereitungen, Praktika und nicht zuletzt meine Klinikaufenthalte hatten den Plan immer wieder zunichte gemacht. Jetzt hinderte mich nichts mehr an dem Abenteuer. In einer gebürtigen Amerikanerin, die ich – wo sonst? – im Krankenhaus kennen gelernt hatte, fand ich die ideale Reisegefährtin. Im Mai 1986 brachen wir für vier Wochen in unseren persönlichen amerikanischen Traum auf.

Ich sehe noch heute die kalifornischen Hügel vor mir, wie sie sich in ihrem satten Grün von der Straße weg wälzten, staksige Windräder wie schwarze, langbeinige Marabus auf dem Buckel. Erstes Ziel war San Francisco. Ohnehin gehört die pazifische Perle zu den schönsten Städten der Welt. Absolut unübertroffen jedoch ist das Panorama, das sie ihren Besucherinnen von der gegenüberliegenden Seite der Bucht bietet, den Hügeln von Marin. Dort wollten wir hinauf. Unser Mietwagen trug uns immer höher und höher, in eine andere Wirklichkeit. Kurz unter der Sonne erwartete uns ein gigantischer Ausblick: Die ganze Bucht lag mir zu Füßen, die Brücken, die Stadt, die kargen Inselchen im

Locker warf ich die Jahre, die ich nicht mehr erleben würde, über die Schulter, mit federnder Hand und schwerelosem Herzen, als wögen sie nichts. „Kurz, aber heftig!", hieß meine Devise. Sie hatte etwas von Hollywood.

Wasser. Die Luft flimmerte so klar, dass sie sich selbst reflektierte. Sie sandte das Echo der zu Miniaturen geschrumpften Autos von der Golden Gate Brücke zu uns hinauf. Es war atemberaubend. Zugleich versetzte mir das Panorama einen Stich. Es war so schrecklich vergänglich. Ich begriff, wie wunderbar und gar nicht selbstverständlich es war, einmal im Leben diese Bucht in diesem Licht sehen zu dürfen. Ich war ein Glückspilz, weil mir das gelungen war. Zugleich wusste ich, dass es das letzte Mal war, die letzte Chance für meine kranken Augen, spektakuläre Bilder in meinen Kopf zu saugen. Seltsam: Der Gedanke machte mich nicht panisch. Ich setzte mich in das schon verdorrende, kurze Gras und überließ meinen Pupillen die Beute. Sie wurden nicht satt. Von der kalifornischen Küste, den Wüsten, den Canyons und den Niagara-Fällen bekommt kein Auge je genug. Aber meines hatte seine letzten Kräfte darauf verwendet, all diese Schönheiten so tief hinter meiner Stirn einzuspeichern, dass sie meinem Gedächtnis abrufbar geblieben sind, bis heute.

Mein erstes Leben als Augenmensch endete exakt an meinem 30. Geburtstag. Während der Feier in einer kleinen, bedrückten Tischrunde lösten sich die hellen, konturenlosen Gesichter meiner Gäste auf und verschwammen in einer farblosen Suppe vor meiner Stirn.

Über die drei qualvollen Monate des Abschieds vom Licht, die meinem Geburtstag vorausgingen, will ich hier nur erzählen, dass ich sie im Wintergarten meines Elternhauses verbrachte. Ich lag in diesem Glaskasten auf dem Rücken, starrte durch die Scheiben und beobachtete, wie die Umrisse des Kastanienbaums über meinem Kopf von Tag zu Nacht zu Tag farbloser, verschwommener, dünner wurden. Es verschwanden die Blätter, die Zweige, die Äste, der Stamm, die Krone. An meinem Geburtstag dann gab es den Baum nicht mehr, draußen keinen Garten, und drinnen kein Drinnen mehr. Seit Wochen fehlten meinen Fingern die Nägel, seit Tagen sah ich keine Finger mehr. Nun schwenkte ich diesen deformierten Klumpen, meine Hand vor meiner Nase, hin und her, hin und her, aber ich spürte nur noch einen Luftzug. Ich war erleichtert, dass dieser Abschiedskrampf vorbei war, als endlich, nach den unvermeidlichen medizinischen Prozeduren zur künstlichen Lebenserhaltung meines Sehvermögens feststand, dass es kein Wiedersehen mit mir selbst und den anderen gab. Den Gedanken an eine Selbsttötung – mit Insulin wäre das einfach gewesen – hatte ich schon kurz nach dem Einsetzen der Netzhaut-Blutungen aufgegeben. Ernsthaft habe ich wahrscheinlich nie vorgehabt, mit eigener Hand „Schluss zu machen". Der Aufwand lohnte sich nicht. Der Schluss kam ganz von selbst. Das Nichts, das mich jetzt umhüllte, war, so zärtlich und ehrlich wie es meine Nähe suchte, erträglicher als die meisten Augenzeugen in meiner Umgebung. Es ließ mich nicht fallen, wenn ich mich in seine Bodenlosigkeit stürzte. Es ließ sich nie am Telefon verleugnen: deutliches, windiges Atmen. Es ertrug meine Wutanfälle und Weinkrämpfe, meine ungerechten Schuldzuweisungen, meine erlogenen Unschuldsbeteuerungen. Es bedrängte mich weder mit guten noch mit dummen Ratschlägen. Sein Schweigen war ihm nicht peinlich. Es stürzte sich nicht in Erklärungen, nicht in Vorwürfe, es ergriff nicht die Flucht, und es verleugnete sich nicht selbst. Es blieb einfach da, strömte in meinen Horizont und hielt sich aus.

Zwei Theologen trauten sich in jenen Tagen in meine Nähe. Der erste hatte eigentlich meine Großmutter besuchen wollen und fühlte sich von dem Zusammentreffen mit einer frisch Erblindeten spürbar überfordert. Zum Abschied sagte er, dass er nichts, aber auch gar nichts zu sagen wisse. Auf „so etwas" gebe es keine angemessene Reaktion. Ich schwieg ihm dankbar ins Gesicht. Mit seinem ausdrücklichen Verzicht auf jeglichen Kommentar hatte er, ohne es zu wollen, genau angemessen reagiert. Der andere Pfarrer kam ein paar Tage später zu mir. Er machte einen vorsichtigen Versuch. „Jetzt kann es nur noch besser werden", meinte er. Vor ein paar Jahren hatten wir in Münster noch dasselbe Hauptseminar besucht. Wie wir auf Kahlschläge wie diesen reagieren sollten, hatte uns niemand beigebracht. „Tiefer als auf diesen Punkt kannst du nicht mehr sinken." Es war ein ehrenhafter Versuch, der den Trost ersetzen sollte, der ihm zum Glück nicht einfiel. Aber ich musste meinem Ex-Kommilitonen widersprechen, so als hätte er irgendeinen hebräischen Terminus falsch übersetzt, weil er den engeren Kontext nicht beachtet hatte. Und ob es noch tiefer in den Dreck ging, und ob! Das Ende dieses Tunnels war zwar unsichtbar geworden. Aber erreicht hatte ich es noch nicht.

Blindheit ist nicht das Schlimmste. Präziser: In meinem Leben ist meine Erblindung nicht die härteste Erfahrung gewesen. Natürlich ist es grausam, mit 30 das Augenlicht zu verlieren. Natürlich bricht alles zusammen, gehen Sinn und Verstand und vorübergehend die Seele verloren. Wer wollte das ernsthaft bestreiten? Andererseits: Blindheit ist eine Behinderung, mit der du leben, ja mit der du das Leben neu lernen kannst, die Dinge, die Menschen, dich selbst neu entdecken kannst, von ihrer anderen, der unsichtbaren Seite. Es ist eine Expedition zu den nie gesehenen Ufern hinter dem Horizont, nur ohne Horizont. Allerdings brauchst du Zeit, um dir die ganze unsichtbare Welt vertraut machen und ihre Reichtümer ausschöpfen zu können. Du brauchst Kraft und Ausdauer, weil du als Blinde alle Handgriffe wieder und wieder trainieren musst, bevor sie endlich gelingen. Ich hatte keine Zeit mehr. Ich hatte keine Kraft mehr. Ich war atemlos geworden und schnappte nur noch nach Luft. Ich beugte mich über die Kloschüssel und kotzte mir die Seele aus dem sich auflösenden Leib. Ich hing, wenige Monate nach meiner Erblindung, an der Dialyse, holte mir alle zwei Tage von einer Maschine ab, was ich brauchte, um das Gift in meinem Blut für zwei weitere Tage zu überleben. Dass ich selbst damit mal wieder eine Prognose ins Unrecht gesetzt hatte, war mir herzlich egal. „Drei, vier Tage noch!", hatte der Chefarzt meiner Freundin zugeflüstert, bevor er mich an den Apparat anschloss. „Drei, vier Tage noch, dann hat sie es geschafft." Wenn ich diesen Arzt, dem ich mein Überleben verdanke, heute mal in der Stadt treffe und ein Pläuschchen unter uns Rentnern anfange, muss ich immer noch an seine ärztliche Fehleinschätzung denken – und lachen! Wie hat er sich geirrt, nach bestem Wissen und Gewissen. Seine Diagnose war nicht falsch, wohl aber die daraus gefolgerte Prognose. Aus den drei Tagen von damals sind über 18 Jahre geworden. Ich habe es immer noch nicht „geschafft".

Ob ich nie mit meinem Gott gehadert habe, fragte die Journalistin, die über „Überlebenskünstler" schreiben wollte. Ehrlich gesagt: Ich hatte schon auf die Frage gewartet. Bei behinderten Theologinnen scheint sie besonders nahe zu liegen und bekommt, wenn sie nicht zufällig von einer Fachkollegin gestellt wird, leicht einen hämischen Beigeschmack. Auch meinem Vater war in den Wochen kurz nach meiner Erblindung, als seine Tochter, gelernte Theologin, 20 von 24 Stunden im Bett lag, sich zusammenkrümmte wie ein Embryo und sich ins eigene Fleisch biss, eine verräterische Aufforderung herausgerutscht: „Jetzt kannst du ja mal deinen Gott fragen, was dieses Elend zu bedeuten hat!" Als sei das göttliche Schweigen zum Rätsel des menschlichen Unglücks der endgültige Beweis seiner Nichtexistenz und meines Irrtums. Als hätte er, der sich für Gottes wirkliche Charaktereigenschaften ebenso wenig interessiert hatte wie für meine, „es" immer besser gewusst als seine Tochter, die arme Irre. Wie viele Zeitgenossen schien mein Vater ernsthaft zu glauben, dass alle, von denen er argwöhnte, sie stünden im Gegensatz zu ihm selbst mit Gott persönlich auf Du und Du, vom Schaden verschont und vom Unglück übersehen, vom Pech links liegen gelassen werden. Wenn diese Logik logisch wäre, dürfte es eigentlich keine Atheisten mehr geben. Wer wäre schon so dumm, auf die Bruderschaft mit einem Gott zu verzichten, der sich selbst beweist? Einem so freundlichen Herrn kann man nur zuprosten: „Zu meinem Wohle!"

Der Vater Jesu ist anders gestrickt. Statt seine Erfolge zu feiern, ist er eher geneigt, mit den Verlierern das Glas zu heben und sich anschließend mit ihnen zu betrinken. Ich weiß: Das klingt zynisch. Aber mein Studium hat mir nun mal beigebracht, dass unser Glaube stets der offensichtlichen Vermeintlichkeit sein umgekehrtes Vorzeichen entgegenstellt. Er ist paradox, dieser Glaube, und nur als solcher trägt er. Er macht einen dicken Strich durch die fatale Verkettung von Ursache und Wirkung, die Berechnung von Strafe und Belohnung, die ordentliche Zuteilung von Verdienst und Geschenk. Das christliche Vorzeichen der Wirklichkeit ist das rote Minus vor einer Gottesbilanz aus schwarzen Zahlen. Es dreht die berühmte Frage nach dem „Warum ausgerechnet ich?" ganz einfach um. Warum ich eigentlich nicht? Die Erfahrung des Unglücks ist universell und hat unendliche Varianten. Warum sollte ausgerechnet ich verschont bleiben? Warum hätte ein Gott, der seinen eigenen Sohn ans Kreuz hämmern ließ, seine Hand ausgerechnet über Susannes Kopf, Augen, Nieren halten sollen, zumal sie ja selbst nicht gut darauf geachtet hatte?

Scheitern hat etwas Erleichterndes. Wer kapituliert, gibt sich in andere als die eigenen, linken Hände. Sie bohrten mir dicke Schläuche in die Venen, hielten mir die Brechschale, träufelten mir Medikamente auf die Zunge, um meinem Blutdruck die tödlichen Spitzen zu kappen, sie fütterten mich mit Traubenzucker, um den Absturz meines Blutzuckers zu verhindern, und war ich bereits ohne Bewusstsein, krampfte ich oder schlug um mich, spritzten sie mir Glucose-Lösungen ins Blut und holten mich zurück. Ich ließ alles geschehen. Ob ich es schaffen würde oder nicht, war nicht mehr meine Sache, sondern

Scheitern hat etwas Erleichterndes. Wer kapituliert, gibt sich in andere als die eigenen, linken Hände.

entschied sich an den Bemühungen meiner Ärzte und Pfleger, meiner Eltern, meiner Freundin. Jeden zweiten Morgen ließ ich mich in den Dialyse-Sessel fallen und wartete apathisch ab, ob meine Rettung mal wieder bewerkstelligt, mein Tod für Stunden verschoben werden konnte.

Herr Tod, der Sanfte, tauchte regelmäßig in unserer Station auf und schlich durch die Räume; ein Besucher auf Gummischuhen und mit federndem Schritt. Von Sessel zu Sessel hüpfte er und suchte sich einen Patienten aus, den er mitnehmen konnte. Erlöst werden wollten wir alle. Weg von den Schläuchen und Brechschalen. Wollten wir alle. Auch neben mir hat Herr Tod gestanden. Ich habe ihn dicht über meinem Gesicht atmen gespürt. Er roch angenehm. Die Fingerspitze, die meinen Arm streifte, war nicht kalt. Ich rief nicht um Hilfe und sagte nicht Nein. Das hätte mir nichts genützt. Er musste allein entscheiden, ob ich an der Reihe war oder ob seine freundliche Einladung wieder jemand anderem galt.

Mein Leben Nummer 2 begann in der Nacht zwischen dem Todesdatum meines Organspenders und seinem Umzug in meinen Organismus. Beinahe 17 Jahre ist die Operation her. Ein damals 14-jähriger Junge überließ mir die Reste seines verlorenen Lebens: eine Bauchspeicheldrüse und eine Niere. Seit dieser Nacht leben und arbeiten wir zusammen, blind, vom Diabetes erlöst, vollkommen befriedet. Wir sprengen sämtliche Vorhersagen, fallen durch alle statistischen Erhebungen. Drei, vier Jahre besserer Lebensqualität waren voraussagbar, wenn

Ein damals 14-jähriger Junge überließ mir die Reste seines verlorenen Lebens: eine Bauchspeicheldrüse und eine Niere. Seit dieser Nacht leben und arbeiten wir zusammen, blind, vom Diabetes erlöst, vollkommen befriedet.

auch nicht zu garantieren gewesen. Eine transplantierte Bauchspeicheldrüse jedoch, die seit 17 Jahren ohne Einschränkungen, ohne Ausfälle ihr Insulin ins Blut einer fremden Frau schüttet, war – und ist bis heute – nicht vorgesehen. „Wahnsinn" nennen die jungen Ärzte der Transplantations-Chirurgie das wundersame Resultat des ungeheuren Eingriffs in zwei Menschenleben. Sie orten meine Adoptiv-Organe unter ihrem Ultraschall-Kopf, der in einer schleimigen Masse über meinen Bauch gleitet. „Toll!"

„Schließlich hast du immer danach gelebt!", meinte vor Kurzem meine Patentante, als wir nach unserem üppigen Frühstück im Café auf dieses Wunder zu sprechen kamen. Was sie meinte: „Du hast die Regeln eingehalten, nicht zu viel gegessen und nicht zu wenig getrunken, hast deine Medikamente genommen und nichts riskiert, was deine Organe gefährden konnte." Woraus sie schloss: „Du hast dir das Wunder verdient."

Stimmt nicht. Ich wehre mich jedes Mal gegen den protestantischen Skrupel, ganz unverdiente und unverdienbare Geschenke anzunehmen. Warum nur fällt uns das so schwer? Verdient hatte ich mir alle Folgeschäden eines Diabetes, den ich nicht in den Griff bekam. Schon die dreißig Jahre, die für meinen Körper eingeplant gewesen waren, hatte ich nur mit Glück erreicht. Alles, was dann noch kam, ein vollständiges Leben, mittellang und mittelheftig, mit geglückten Liebesversuchen, mit Weltreisen und mit ersten – ungeplanten, erstaunlichen – Altersbeschwerden, war weder verdient noch erarbeitet, noch vorgesehen. Ich habe bloß Ja sagen müssen. „Wollen Sie es riskieren?", hatte mein Transplanteur mich gefragt, wohl wissend, dass er sein Bestes geben und dass das Schlechteste dabei herauskommen konnte. „Wollen Sie alle Folgen auf sich nehmen?", fragte er nochmals, bevor er meinen Namen auf die Warteliste setzte. „Ja." Ohne Wenn, ohne Aber, ohne irgendwelche Bedingungen.

In der ersten Fassung dieses Rückblicks stand an dieser Stelle: Alles andere ist nur noch ein Nachwort. Wie immer beschleicht mich zum Schluss der Verdacht, dass genau umgekehrt ein Schuh daraus wird: Die ersten 30 Jahre meines Lebens waren die Vorworte zu dem, was meine Tage heute bestimmt. Ich musste sie

Die ersten 30 Jahre meines Lebens waren die Vorworte zu dem, was meine Tage heute bestimmt.

durchleben, um zu überleben, und ich musste überleben, um endlich zu leben. Ich musste meinen Körper aufschneiden, mit Narben übersäen lassen, um ihn heute – gegen den Augen-Schein, ha! – schön finden und mich darin heimisch fühlen zu können. Ich musste ihn den Organen eines Fremden öffnen, um meine Verantwortung zu realisieren: für diesen Fremden und für mich. Warum bloß so viele Umwege? Sie gelten sogar für meinen Beruf. Ich musste mein Augenlicht verlieren, um ohne Wenn und Aber zu meiner einzigen Begabung zu stehen, dem Lesen und Schreiben. Die Theologie ist nur das Vorzeichen zu meinem Beruf als Schriftstellerin. Sie setzt ihr dickes Minus vor den Erfolgszwang und spricht mich frei, Erwartungen unerfüllt zu lassen. „Immerhin haben Sie auf ganz anderen Gebieten Lorbeeren geerntet!", meinte kürzlich ein theologischer Kollege. Gemeint waren vermutlich meine Bücher und Hörspiele, deren Anerkennung mich über die geplatzte Karriere als Pastorin „hinwegtrösten" sollte. So redete jener Pfarrer, der kurz nach dem Ende meines Lebens Nummer 1 keinen Kommentar geben wollte. Diesmal war es der falsche Kommentar. Theologie pfeift auf Lorbeerkränze, jedenfalls dann, wenn sie bei sich selbst angekommen ist.

Im Vergleich zu meinem Leben Nummer 1 bescheidet sich mein zweites Leben mit wenigen Sensationen, wenigen Idealen, unbunten, aber sehr lebhaften Träumen. Ich bin lebenshungrig und ein Genussmensch. Gierig bin ich überhaupt nicht mehr. So, wie es heute ist, hatte ich mir mein Leben nicht vorgestellt. Trotzdem: Es ist tiefer und reicher geworden, als ich es mir je hätte ausmalen können.

Um jetzt keinerlei Missverständnisse aufkommen zu lassen: Leicht ist es immer noch nicht. Als spät erblindete Ex-Diabetikerin mit transplantierten Organen lebe ich weder beschwerdefrei noch mühelos, noch ohne Frustrationen oder Rückschläge. Aber

ich lebe. Mehrmals wurden mir in den letzten 17 Jahren wieder –
schlechte – Prognosen gestellt, mehrmals haben sie sich nicht
oder völlig anders als berechnet erfüllt. Ich höre nicht mehr auf
solche Besserwissereien. Die Traueranzeigen der Zeitung haben
mir oft genug schon die Namen ehemaliger Klassenkameraden
präsentiert: „Plötzlich und unerwartet" verlor die Idee, dass ich
tatsächlich so etwas wie alt werden könnte, an Absurdität. Aber
ich weiß nicht, ob ich, wenn die Leserinnen dieses Beitrags diese
Seiten umblättern, nicht schon wieder einmal in einem Krankenhaus liege: um zu überleben oder auch nicht. Ich habe Hoffnung.

Christine Lindemeyer
(Name geändert)

Mein dreifacher Start ins Leben

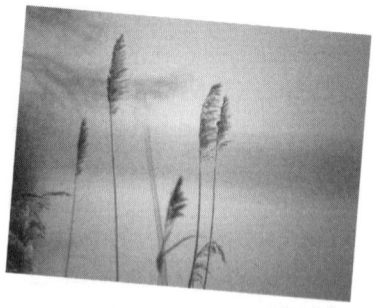

Nach außen hin ist alles in bester Ordnung. Christine Lindemeyer schaltet und waltet auf einem großen Hof in Westfalen. Doch innerlich trägt sie an einer Last, die ihr schon als Kind aufgebürdet wurde und die im Lauf der Jahre immer schwerer wird. Als ihr weitere „Gewichte" angehängt werden, bricht sie zusammen – und erlebt eine ungeahnte Befreiung.

Christine Lindemeyer (63) ist Lehrerin und bewirtschaftet zusammen mit ihrem Mann einen Hof in Westfalen. Sie hat drei erwachsene Kinder.

Mein Leben begann mit der Angst. Schon im Leib meiner Mutter war sie mein ständiger Begleiter. Heute weiß ich: Meine Mutter hatte immer Angst, irgendjemanden zu verlieren. Vielleicht war das so ausgeprägt, weil sie schon als Vierjährige ihre Mutter verloren hatte.

Geboren wurde ich in den letzten Wochen des Krieges. Unser Bauernhof lag in einer abgelegenen westfälischen Idylle. Aber die Ruhe täuschte. Ob die Bomben tatsächlich die Kasernen, die einige Kilometer entfernt lagen, oder unseren Hof treffen würden, war immer ungewiss. Bei Fliegeralarm lief meine Mutter mit meinem großen Bruder an der Hand und mir im Bauch in den Keller. Immer wieder.

Mutters Ängste waren keine Hirngespinste. Die Flugzeuge am Himmel über unserem Hof waren ja real. Das Bangen um meinen Vater, der als Soldat in Russland war, war auch begründet. Die Verantwortung für einen großen Hof war erdrückend. Rings umher wurden die Todesnachrichten der gefallenen Soldaten in die Häuser getragen. Unsere Familie musste dem Krieg nur ein kleines Opfer bringen – eine Scheune wurde von einer Bombe getroffen und brannte ab. Noch mal Glück gehabt.

Mein Vater kam wieder nach Hause. Aber sechs Jahre Soldatsein hatten Narben auf der Seele hinterlassen. Alkohol hilft erst einmal übers Gröbste hinweg – das hat mein Vater sein Leben lang geglaubt. Bis schließlich im Alter nicht nur die Erinnerungen, sondern auch der Verstand nachließ.

Die schreckliche Verlustangst meiner Mutter blieb.

„Dass nur dem Erben nichts passiert." Mein großer Bruder Friedrich war der Erbe des Hofes. „Söhne sind zum Erben da – Töchter für die Pflege." So ist das. Hundertmal habe ich diesen Satz gehört. Und nie infrage gestellt. Wieso auch? Es gibt ewige Gesetze in Westfalen. Eine Tante hat mich später einmal gefragt: „Warst du eigentlich als Kind nie eifersüchtig auf deinen Bruder?" Nein, ich war es nicht.

Aber diese anderen Gefühle – plötzlich zu spüren, ich spüre mich ja gar nicht, ich habe ja gar kein Gefühl für mich selbst, ich funktioniere ja einfach immer nur –, das kam alles viel später. Zwei schwere Erkrankungen mussten kommen, um die Tore zu mir selbst zu öffnen. Aber bis dahin vergingen Jahre. Jahre, in denen ich einfach glaubte: „Du hast zu dienen und nichts zu wollen." Ich war fest eingeschlossen in meiner kleinen behüteten Welt, auf dem Hof zwischen Scheunen, Kühen und Hauswirtschaft. Gespielt habe ich nur mit den Kindern aus unserer Hofgemeinschaft.

„Ich bin nicht so wichtig." Dieser Satz war unumstößlich. Na klar, so wichtig war ich ja auch nicht. Ich war nicht der Sohn.

„Ich bin nicht so wichtig." Dieser Satz war unumstößlich. Na klar, so wichtig war ich ja auch nicht. Ich war nicht der Sohn. Friedrich wurde gehütet wie ein Augapfel. Er sah seinem Vater so ähnlich. Seinem Vater, nicht meinem, dem ersten Mann meiner Mutter. Der starb, als sie mit meinem Bruder schwanger war, vor dem Krieg. Meine Mutter hatte auf den Hof eingeheiratet. „Ich muss dieses Kind lebendig zur Welt bringen. Es muss ein Junge sein, kein Mädchen. Dann ist er der Erbe und ich darf bleiben." Meine Mutter war keine Erbschleicherin. Nur nüchtern. Mein Bruder musste leben. Er war ihre Garantie.

Es wurde ein Sohn, und er sah mehr und mehr seinem Vater ähnlich. Er – die eigentliche Liebe meiner Mutter. Wahrscheinlich war sie über diesen Verlust nie hinweggekommen. Wahrscheinlich liebte sie deshalb meinen Bruder so über alles. Mir blieb die Nebenrolle, aber nicht nur mir allein. Mein Vater, Mutters zweiter Mann, spielte auch nur eine Nebenrolle.

„Dass nur dem Sohn nichts passiert!" Wie oft wurde das beschworen. Und wieder waren die Ängste meiner Mutter nicht unbegründet. Mehrmals war mein Bruder schwer krank, manchmal lebensbedrohlich. Das Leben auf dem Land ist voller Gefahren. Einmal hatte er einen Unfall bei der Ernte. Von Stund an durfte er keinen Sport mehr treiben. Nicht in der Schule, nicht in der Freizeit. Ich war ein sportliches junges Mädchen, aber jetzt galt für mich: „Wenn dein Bruder keinen Sport machen darf, dann solltest du es auch nicht. Das können wir ihm nicht antun." Natürlich, das können wir Friedrich nicht antun. Ich habe es geglaubt. Nein, auch damals wurde ich nicht wütend. Die Wut kam später.

Friedrich wurde immer wichtiger für mich. Er sorgte später sogar dafür, dass ich das Abitur machen konnte – keine Selbstverständlichkeit für Kinder aus der Landwirtschaft.

Eines Tages merkte ich: Ich habe eigentlich nur ihn. Wem sonst kann ich trauen? Meine Mutter war zur Kur gefahren. Sie war ja immer kränklich. Ich erinnere mich: Ihr Bett ist leer. Ich bin eine lang aufgeschossene Fünfzehnjährige. Mein Vater zieht mich mehrfach in sein Bett. Was tut er da?! Ich wehre mich nicht, renne auch nicht weg, schreie nicht. Muss man so was Schreckliches auch über sich ergehen lassen, wenn man ein gehorsames Mädchen ist?

Bald danach vertraue ich mich meinem Bruder an und mache ihn zum Mitwisser. Wir schweigen gemeinsam. Jahrzehntelang. Ich schließe den Missbrauch durch meinen Vater tief in mir ein. Über fünfzehn Jahre bin ich verheiratet, bevor ich mit meinem Mann darüber sprechen kann. Diese entsetzliche Scham, diese absolute Schutzlosigkeit. Ob meine Mutter etwas wusste? Ich habe keine Ahnung. Ich weiß nur, wie doppelt ausgeliefert ich mich fühlte, als meine Mutter mir eines Tages seidene Unterwäsche kaufte und meine Eltern mich zwangen, sie in ihrer Gegenwart anzuziehen. „Stell dich doch nicht so an", waren die Worte meiner Mutter, mit der sie meine tiefe Scham ignorierte und sich zur Komplizin meines Vaters machte.

Trotzdem funktionierte ich weiter. Nur dass ich jetzt noch eine bittere Lektion dazugelernt hatte: „Ich bin schutzlos ausgeliefert, ich habe nicht das Recht, Nein zu sagen." Tief brannte sich dies in meine Seele ein. Nicht Nein sagen dürfen, das zieht sich durch mein ganzes Leben. Und das andere hatte ich jetzt auch gelernt: „Eigentlich kannst du keinem Mann trauen. Vorsicht!"

Als ich 1984 an Krebs erkrankte, fiel die selbst auferlegte Schweigepflicht, dieses „Du bist nicht wichtig, Hauptsache, du funktionierst" von mir ab: „Jetzt musst du keine Rücksicht mehr nehmen." Und: „Ich muss ja gar nichts mehr schaffen. Das Leben ist doch so kurz", erkannte ich plötzlich. Diese Gedanken trösteten mich, als ich mit der knallharten Prognose des Arztes konfrontiert wurde: „Sie werden wahrscheinlich nur noch ein halbes Jahr leben." Der Krebs hatte schon gestreut. Ich war damals 38 Jahre alt. Meine Kinder waren vier, neun und zwölf.

„Krebs! Du wirst sterben!" Niemand weiß vorher, wie er auf solch eine Diagnose reagieren wird. Was mit mir geschah, hätte am wenigsten ich selbst erwartet. Zum ersten Mal konnte ich beten. Ich meine, so richtig beten. Nicht dieses verzweifelte: „Lass ein Wunder geschehen, mach mich gesund!", sondern: „Ich lasse jetzt los. Ich überlasse mich dir, Gott."

Am Abend vor der großen Operation hatte ich eine Vision. Mir erschien Christus als Lichtgestalt. Bis dahin war ich ganz durchschnittlich kirchlich. Ich und eine Vision?! Und doch erlebte ich sie. Ich wusste einfach: „Gott, ich laufe dir nicht mehr weg. Ich danke dir für wunderschöne 38 Jahre, für meinen liebevollen Mann, für meine Kinder. Solange mein Leben noch dauern wird, werde ich dir dienen und dich bezeugen."

Zum ersten Mal konnte ich beten. Ich meine, so richtig beten. Nicht dieses verzweifelte: „Lass ein Wunder geschehen, mach mich gesund!", sondern: „Ich lasse jetzt los. Ich überlasse mich dir, Gott."

In der folgenden Zeit konnte ich vieles loslassen: meine selbstauferlegte strenge Disziplin, meine Pflichten. Auch meine Kinder konnte ich loslassen. Vor Selbstmitleid blieb ich bewahrt. Ich stürzte nicht ab. Ich akzeptierte meine Situation. Und ich begriff: „Es kommt nicht drauf an, wie lange du lebst, sondern wie du lebst." Gleichzeitig hatte ich alle fünf Sinne beieinander. Dabei war ich von der seltsamen Gewissheit erfüllt, nicht nur ein halbes Jahr, sondern noch zwei Jahre Lebenszeit zu haben. Ich wollte sie nutzen, um meine Kinder innerlich zu stärken für die Zeit ohne mich.

Nach dem Krankenhausaufenthalt traf ich den Rektor der Schule, in der ich früher als Lehrerin gearbeitet hatte: „Wie geht es Ihnen?" Ich weiß noch wie heute, was ich antwortete: „Ach, Herr Schlingmann, mir geht's ganz gut, ich habe ganz viel Ostern in mir."

Ja, so fühlte ich mich. Tief geborgen im Glauben. Ich wusste: Jesus, der Auferstandene, ist lebendig und mit mir in meiner Situation. Die Nachbehandlung, die Bestrahlung und alles, was sonst noch folgte, überstand ich in schlafwandlerischer Ruhe.

Seit 15 Jahren lebte ich nun auf diesem wunderschönen Hof in Westfalen. 24 Jahre und ausgebildete Lehrerin war ich gewesen, als ich den Sohn des Hofs heiratete, einen promovierten Volkswirt und guten Freund meines geliebten Bruders. Meine wunderbare, großzügige, hilfreiche Schwiegermutter, die mit ihrem Mann natürlich weiterhin auf dem Hof lebte, war mir jetzt eine große Hilfe.

Mein Glaube wurde mir immer wichtiger. Ich suchte den intensiven Austausch mit anderen Christen. Mit einer Seelsorgerin wagte ich den Blick in mich hinein. Schließlich konnte ich sogar mit meinem Mann über den Missbrauch sprechen – ein riesiger Schritt nach vorn.

Aber mein Mann und ich gingen diesen Weg des Glaubens nicht gemeinsam. Und wir gingen nicht die entscheidenden Schritte aufeinander zu. Er konnte vieles von dem, was mir wichtig wurde, nicht nachempfinden. Und noch etwas kam erschwerend hinzu: Wir waren beide in bäuerlichen Großfamilien aufgewachsen. Es saßen immer fremde Menschen zu den Mahlzeiten mit am Tisch. Nie waren wir als Familie unter uns – alle aßen mit und hörten zu. Mit der Muttermilch hatten wir es beide aufgesogen: „Keine Auseinandersetzung bei Tisch!", „Reiß dich zusammen!", „Über Persönliches spricht man nicht! Und schon gar nicht über Gefühle!"

Es fiel meinem Mann und mir einfach schwer, über uns und unsere Bedürfnisse zu sprechen. Das lag nicht nur an der wenigen Zeit, die wir miteinander hatten. Die große Liebe meines Mannes war die Politik. Seit 1976 war er Bundestagsabgeordneter. Es machte ihm viel Freude, kostete aber viel Zeit und den letzten Rest unseres knapp bemessenen Privatlebens. Zum Glück hatten wir ein gutes Verwalterehepaar im Betrieb, aber je länger ich „überlebte", umso mehr rutschte ich wieder in das alte Funktionieren hinein. Ich kam mir oft wie ein Hof-

Aber je länger ich „überlebte", umso mehr rutschte ich wieder in das alte Funktionieren hinein. Ich kam mir oft wie ein Hofhund vor, der überall nach dem Rechten schaut.

hund vor, der überall nach dem Rechten schaut. Wenn mein Mann freitags aus Bonn kam, war einer meiner ersten Sätze: „Ich muss jetzt erst mal schlafen."

„Es kommt nicht drauf an, wie lange du lebst, sondern wie du lebst." – Diese Erkenntnis verblasste immer mehr. Meine Krankheit hatte meinen Mann und mich nicht aus unserer Sprachlosigkeit herausgeholt. Wir funktionierten beide einfach zu gut.

Eine zweite schwere Erkrankung musste kommen, um uns als Ehepaar wirklich einen Neuanfang zu ermöglichen. Zehn Jahre nach der Krebserkrankung wurde ich depressiv – und erlebte eine Krankheit, die emotional weit härter war als der Krebs.

Zu vieles hatte sich in mir angestaut, zu lange hatte ich doch wieder nur für andere gelebt und gedacht. Für die Zeit nach dem Auszug der Kinder hatte ich mich schlecht gewappnet. Als dann mein Mann noch die Idee hatte, nach seiner Bundestagszeit einen Betrieb in den neuen Bundesländern zu erwerben, brach ich innerlich zusammen. Ich wollte nicht wieder nur eine Wochenend-Ehe führen. Jetzt war das Selbstmitleid mit Macht da. Die Dämme brachen. Ich lief schreiend in den Wald. Es begannen Wochen, die ich fast nur weinend erlebte. Dann wieder wurde ich gepeinigt von Selbstzweifeln, harten Selbstanklagen und dem Gedanken: „Es hat doch alles keinen Sinn."

Aus der Betriebsübernahme wurde nichts – Gott sei Dank! Mein Mann half mir, therapeutische Hilfe anzunehmen. Aber er wollte meine Depression nicht einfach an einen Profi delegieren.

Mein Mann half mir, therapeutische Hilfe anzunehmen. Aber er wollte meine Depression nicht einfach an einen Profi delegieren.

„Jetzt bin ich dran!", sagte er eines Tages zu mir, „Ich will mich auch auf den Weg machen."

Nach außen führten wir damals eine wirklich gute Ehe. Doch nach innen war sie trocken und hohl. Das war uns beiden klar. Mein Mann hatte keinen Zugang zu meiner Frömmigkeit: Er hatte nicht nur gelernt: „Über Gefühle redet man nicht", sondern auch: „Über Glauben redet man nicht."

Wir wählten ein Ehe-Seminar aus, bei dem ich kein „Heimspiel" hatte. Also nicht an einem Ort, wo ich die Leute schon kannte. Wir waren bereit, uns auf etwas ganz Neues einzulassen.

Heute ist unsere Ehe voller Kraft und Schwung. Wir können es selbst kaum fassen: Solch eine Erneuerung gibt es also wirklich.

Dieses Seminar war tatsächlich der Startpunkt für einen Neuanfang in unserer Ehe – nach 27 Ehejahren. Heute ist unsere Ehe voller Kraft und Schwung. Wir können es selbst kaum fassen: Solch eine Erneuerung gibt es also wirklich. Seit einiger Zeit führen wir sogar in unserem eigenen Haus Eheseminare durch. Wir ermutigen jetzt andere Paare: „Schaut uns an. Wir wissen, wie das ist, wenn man nebeneinander herläuft und nur funktioniert. Wir waren über fünfzig Jahre alt, als es noch einmal ganz anders wurde bei uns."

In den letzten Jahren haben wir begriffen und erlebt, wie groß die Liebe Gottes zu uns ist. Und welche heilenden Kräfte in der Vergebung liegen. Ich habe meinem verstorbenen Vater einen Brief geschrieben: „Vater, was ich dir schon immer sagen wollte …" Es war viel und hart. Ich habe diesen Brief unter einem Kreuz verbrannt. Ich habe meinem Vater vergeben und ihn aus meinen Anklagen entlassen. Es war, als ob ein Knoten in mir platzte.

Heute reden mein Mann und ich viel miteinander. Wir haben gelernt, gemeinsam zu beten, einander um Vergebung zu bitten. Am Anfang waren wir unbeholfen. Aber wir haben geredet und geredet und geredet und die neue Sprache der Liebe gelernt. Die Beziehung zu unseren inzwischen erwachsenen Kindern hat eine neue Qualität bekommen. Unsere Liebe zu ihnen ist wärmer, einfühlsamer, „auferbauender" geworden. Wir haben gelernt, uns einfach fallenzulassen. In unsere Liebe. In die Arme Gottes.

Gesprächsprotokoll: Claudia Filker

Carolin Neufeld

Wir sind nicht ganz normal

*Drei kleine Kinder zu haben, ist „die Här-
te", das weiß man. Drei kleine Kinder zu
haben, die man nicht selbst geboren, sondern adoptiert hat, soll noch etwas härter
sein, hört man. Aber drei kleine Kinder
aufzunehmen, die auch noch „ganz beson-
dere Kinder" sind, wie das Jugendamt vorsichtig formuliert – wer tut
sich das denn freiwillig an?*
*Familie Neufeld „tut sich das an". Niemand hat sie dazu gezwungen
oder überredet. Im Gegenteil, man hat sie freundlich, aber eindringlich gewarnt: Das ist nicht zu schaffen! Aber Neufelds wollten es
nicht anders. Dies ist das Leben, das sie gewählt haben.*

*Carolin Neufeld (34) ist Erzieherin und lebt in Schwarzenfeld bei
Regensburg.*

Dass ich es vielleicht nicht schaffen könnte, hat mein Vater laut
gedacht, als ich 1993 mit 19 Jahren von zu Hause auszog: aus
Liebe aus dem tiefen Oberbayern ins rund 800 Kilometer ent-
fernte Cuxhaven an der Nordsee. Mein damaliger Freund und
heutiger Mann war mit Auto und Anhänger angereist. Die Kisten
und Möbel schleppten wir allerdings zu zweit aus dem Haus –
mein Vater schaute tatenlos zu und bemerkte, wenn ich dann
wieder zurückkäme, würde er den Umzug selbstverständlich erle-
digen.
 Meine Eltern hatten zwar im Grunde nichts gegen meinen
Freund – genau genommen, war David der Traumschwieger-
sohn: Er war Christ, kam aus einer Pastorenfamilie, konnte singen und Gitarre und Klavier spielen, was vor allem meiner Mutter sehr imponierte. Zudem war er fleißig und ehrgeizig, was

wiederum meinem Vater zusagte. – Aber! „Es gibt so viele heirats-
fähige nette Männer in Bayern." Außerdem war ich noch so jung,
und wir kannten uns doch erst zwei Jahre …

Uns kamen diese zwei Jahre natürlich unheimlich lang vor.
E-Mail gab's noch nicht, wir schrieben uns zahllose Briefe und
versuchten, uns alle acht Wochen zu sehen. Vom ständigen Ab-
schiedsschmerz und der Tatsache, den Alltag nicht teilen zu können, hatten wir genug. Außerdem war ich mir sicher: Das ist der
Mann fürs Leben. Also heirateten wir. Meine Eltern waren inzwischen auch versöhnt mit dieser Vorstellung und lernten durch
uns die Schönheit des Nordens kennen. Wir genossen unsere ersten ausgefüllten Ehejahre. David arbeitete als Redakteur und
Anzeigenverkäufer in einem christlichen Zeitschriftenverlag, und
das mit Leidenschaft. Ich hatte meine Traumstelle als Erzieherin
an einer Schule für geistig behinderte Kinder in Cuxhaven. Gemeinsam engagierten wir uns in der Jugendarbeit einer freikirchlichen Gemeinde – ich war rundum zufrieden.

Doch in David wuchs die Sehnsucht nach einer neuen, eigenen Herausforderung, und so führte unser Weg im Sommer
1998 zurück nach Bayern, „ins gelobte Land", wie mein Vater zu
sagen pflegte. David gab seine Leidenschaft für Verlag und Papier
erst einmal auf und wurde Pastor einer Freikirche in Regensburg.
Ich war mit 24 Jahren plötzlich Pastorenfrau.

Für mich brach eine Welt zusammen – ich hatte mir immer vier Kinder gewünscht und konnte mir ein Leben ohne Kinder beim besten Willen nicht vorstellen.

Doch das blieb nicht die einzige Herausforderung. Nach zwei Eileiterschwanger-
schaften offenbarten mir die Ärzte, dass ich
wohl nie eigene Kinder bekommen würde.
Für mich brach eine Welt zusammen – ich
hatte mir immer vier Kinder gewünscht
und konnte mir ein Leben ohne Kinder
beim besten Willen nicht vorstellen. In diesem ersten Jahr in Bayern erkrankte mein
Vater an Darmkrebs. Er starb innerhalb von
fünf Monaten mit 51 Jahren. Ein weiterer herber Schlag in meiner bis dahin doch recht heilen Welt.

David und mir war klar, dass wir Kinder wollten, auch wenn es nicht „die eigenen" sein würden, und so beschäftigten wir uns intensiv mit Pflege und Adoption. Im Herbst 2000 gingen wir die Sache konkret an und setzten uns mit dem Jugendamt in Verbindung. Zum Sommer 2001 wollten wir uns in das Wagnis stürzen und ein Kind bei uns aufnehmen. Doch so lange sollte es nicht dauern: Zwei Tage vor Weihnachten bekamen wir einen Anruf vom Jugendamt. Da sei ein 16 Monate alter Junge, und momentan gebe es keinen Platz in einer Bereitschaftspflegefamilie. Ob wir nicht …? Erst einmal gründlich nachdenken und Rat einholen ging nicht, und so wurden unsere Familien und Freunde genauso überrascht wie wir: Vier Stunden nach dem Anruf waren wir Eltern. Wer kann schon so kurz vor Weihnachten Nein sagen? Wir holten Onur im Frauenhaus ab, wo er sich gerade mit seiner psychisch kranken Mutter, einer Tunesierin, befand. Sein türkischer Vater marschierte vor dem Haus auf und ab, während der zuständige Mitarbeiter des Jugendamtes Onur im Innenhof in unser Auto verfrachtete. Er hatte praktisch nichts – außer einem Leinenbeutel, in dem sich ein schmutziges Fläschchen, ein paar Windeln, eine Packung Milchschnitten und ein Schlafanzug befanden. Seine Füßchen steckten in viel zu großen Schuhen – ohne Strumpfhose oder Socken. So sah er uns aus seinen großen braunen Augen an. Auf dem Weg nach Hause fuhren wir erstmal einkaufen. Wir waren ja völlig unvorbereitet und besaßen weder Windeln noch Kleidung noch ein Bettchen für Onur.

Onur hatte praktisch nichts – außer einem Leinenbeutel, in dem sich ein schmutziges Fläschchen, ein paar Windeln, eine Packung Milchschnitten und ein Schlafanzug befanden.

Ursprünglich sollte Onur nach den Weihnachtsferien in eine Bereitschaftspflegefamilie kommen. Doch wir wollten ihm weitere Wechsel gerne ersparen, und so beschlossen wir, Familie zu bleiben. Im Laufe eines halben Jahres würde absehbar sein, ob sich die Situation und Beziehung der Herkunftseltern so stabilisiert hätte, dass eine Rückführung möglich wäre. Da es bei der Aufnahme von Pflegekindern leider keinen Mutterschutz gibt und mein Arbeitgeber – eine Schule für behinderte Kinder – sich wenig kooperativ zeigte, musste ich regulär kündigen und noch drei Monate arbeiten. Es war ein Kaltstart ins Familienleben. Unsere Eltern waren nicht in der Nähe, und wir versuchten, so gut es ging, unser Leben umzuorganisieren. Diese ersten Monate waren nicht einfach. Oft sah ich schwangeren Müttern neidisch hinterher – neun Monate Zeit zur Vorbereitung, gedanklich und praktisch, das Wunder der Geburt erleben und dann ein kleines, hilfloses Baby im Arm haben …! Das hat sich Gott eigentlich toll ausgedacht, nur nicht für uns … Vor allem für David war der Druck enorm. Die Gemeindearbeit forderte ihn voll, und sein Anspruch an sich selbst war hoch. Daneben war er in Teilzeit für eine kirchliche Zeitschrift verantwortlich. Onur war von Anfang an ein sehr selbstbewusstes, aktives und willensstarkes Kerlchen. Auch die zunächst sehr intensiven wöchentlichen Elternkontakte verlangten uns und ihm viel ab. Für mich war in dieser Zeit das Wichtigste, im Glauben an den lebendigen Gott verwurzelt zu sein. Ich war überzeugt davon, dass er uns Kraft geben und uns nicht überfordern würde. Es schien sogar, Gott traute uns noch mehr zu …

Im Oktober 2001, also nach gut neun Monaten zu dritt, meldete sich das Jugendamt noch einmal bei uns. Wir waren gerade ein paar Tage weg gewesen, da fanden wir beim Nachhausekommen eine Nachricht auf dem Anrufbeantworter vor. Die nette Dame von der Adoptionsvermittlungsstelle bat um Rückruf, da in Regensburg „ein besonderes Kind" geboren sei und sie sich gerne mit uns über dieses Kind unterhalten würde … Drei Tage später holten wir Alexander aus der Kinderklinik heim zu uns und waren auf einmal beschenkt mit einem sechs Wochen alten Baby mit Trisomie 21. Während meiner fünfjährigen Berufszeit mit behinderten Kindern und Jugendlichen hatten mich die Kinder mit Down-Syndrom immer besonders fasziniert. Das Leben-Können im Hier und Jetzt, das Übermaß an Liebe, das Gespür für Menschen und Stimmungen – in meinen Augen haben sie uns viel voraus.

Unsere Familien, Freunde und die Gemeinde reagierten fast durchweg positiv und schlossen Alexander genau wie zuvor Onur in ihre Arme. Natürlich hörten wir auch so manche Warnung: Ob wir denn auch wüssten, worauf wir uns da einließen. Dass wir durch eine Adoption eine lebenslange Verpflichtung eingingen – für ein behindertes Kind, dessen Entwicklung wir doch gar nicht abschätzen könnten … Alexander trotzte mit seinem unverwechselbaren Charme jeglichen Bedenken; sein einzigartiges Lachen zog bald alle auf seine Seite.

Natürlich ist das Leben mit einem außergewöhnlichen Kind nicht immer einfach – als Eltern sind wir auch außergewöhnlich gefordert. Und wir sind viel unterwegs! Es gilt, Frühförderung, Ergotherapie, Physiotherapie und Logopädie zu koordinieren und immer wieder zu entscheiden: Was ist gut für unser Kind? Wo liegen seine Stärken, wo hat es besonderen Förderbedarf? Und was können wir überhaupt leisten? Im ersten Jahr war Alexander häufig krank. Zudem war er von Anfang an nicht so der Typ für „Großveranstaltungen" und atmete immer richtig auf, wenn sich z.B. nach dem Gottesdienst wieder die Wohnungstür hinter uns schloss. Wenn ihm der Trubel unseres Alltags zu viel wurde, bekam er prompt Fieber – und schon wurden Therapien, Termine und Besuche abgesagt, und er erhielt die Ruhe, die er brauchte. Nach wie vor lehrt Alexander uns Begeisterung und Lieben. Onur ist er ein liebevoller Bruder, der ihm vom ersten Tag an Halt und Sicherheit gab und ihn bewundert.

Ab 2002 kehrte endlich etwas Ruhe bei uns ein – immer klarer zeichnete sich ab, dass Onur in Dauerpflege bei uns bleiben würde und weder an Rückführung noch Adoption zu denken war. In der Gemeindearbeit dagegen gab es mehr als genug Bewegung, doch leider nicht nur positive. Im Sommer 2004 schließlich sah David für seinen Dienst als Pastor in der Gemeinde keine Perspektive mehr. Da seine Leidenschaft für Papier und die Liebe zu

Büchern sich immer wieder gemeldet hatten, gründete er den Neufeld Verlag. Nach vielen Gesprächen und Gebet gingen wir also das Wagnis Selbstständigkeit ein und zogen ins 50 Kilometer nördlich von Regensburg gelegene Schwarzenfeld.

Mir war wichtig, mit Blick auf unsere Ärzte und Therapeuten, aber auch auf gewachsene Freundschaften nicht schon wieder von vorne anfangen zu müssen. Zum anderen gründeten Freunde von uns, mit denen wir auch in Regensburg gemeinsam unterwegs waren, eine freikirchliche Gemeinde in Schwandorf, unserer jetzigen Kreisstadt. Bis heute macht es uns glücklich, gemeinsam Gemeinde und Davids Traum vom Büchermachen zu leben.

Zugleich war mir irgendwie klar, dass unsere Familie noch nicht komplett war. Ich dachte dabei an ein Mädchen und wohl auch an ein „normales" Kind. Doch als wir im Juni 2006 vom Jugendamt auf die Geburt eines Down-Syndrom-Jungen angesprochen wurden, für den wiederum Adoptiveltern gesucht wurden – ob wir nicht jemanden wüssten? Wir hätten doch so gute Erfahrungen gemacht –, dachten wir nicht lange über andere Familien nach … Nach einer fast dreimonatigen (!) „Schwangerschaft" holten wir Samuel, einen bildhübschen dunklen Typ wie Onur, mit gerade mal 12 Wochen zu uns nach Hause.

Zugleich war mir irgendwie klar, dass unsere Familie noch nicht komplett war. Ich dachte dabei an ein Mädchen und wohl auch an ein „normales" Kind.

Wir hatten es uns auch diesmal nicht leicht gemacht und vor allem Onur in die Überlegungen mit einbezogen. Schließlich ist es nicht so einfach, gleich zwei „besondere" Brüder zu haben. Da war es nur gut, dass Samuels leibliche Mutter eine Weile mit sich kämpfte. Ich werde nie vergessen, wie ich mich mit Onur einmal über den möglicherweise künftigen Bruder unterhielt. Er meinte kurz und bündig, was diese Mama denn eigentlich hätte und warum sie ihr Baby nicht wolle. „Kind ist doch Kind, egal ob mit oder ohne Down-Syndrom!" Ich war sehr stolz auf ihn und wusste: Wir schaffen das.

Seit zwei Jahren sind wir also zu fünft, eine bunte Truppe. Unser Leben ist voll und reich, und eigentlich ist unsere Familien-, Gemeinde- und Berufssituation so, dass jede Herausforderung für sich schon für ein Leben reichen würde. Wir stehen oft ganz schön unter Druck und sind kräftemäßig entsprechend immer wieder „am Anschlag". Als Hausfrau und Mutter meiner drei Jungs bin ich nach wie vor ganz gefordert. Unser Gesundheitssystem ist so aufgebaut, dass man verschiedene Formen von Unterstützung überhaupt erst mal entdecken und dann nicht selten erkämpfen muss. Integration ist in Bayern oft nur theoretisch vorhanden. Was sich die Eltern nicht erkämpfen, bekommt das Kind nicht. Eine ärgerliche Ausgangslage, die viel von der Zeit und Energie kostet, die ich eigentlich für meine Familie bräuchte.

Dazu kommt, dass unser Onur mit seinem heißblütigen Temperament gern „mit dem Kopf durch die Wand" geht und jedes Nein als eine Herausforderung betrachtet. Ihn „positiv zu erziehen", ist für mich die größte Herausforderung der letzten acht Jahre. Er ist reich begabt und von Gott mit viel Potenzial ausgestattet. Zugleich trägt er kein leichtes Erbe mit sich, was immer wieder in seinen besonderen Bedürfnissen und Ängsten zum Ausdruck kommt.

Alexanders motorische Entwicklung verlief recht langsam. Er begann erst mit drei Jahren zu laufen, was sich vor allem auf meinen Rücken auswirkte. Das rechte Maß von Fördern und Fordern zu finden, damit er sich gut entfalten kann, ist gar nicht so einfach.

Samuel ist vom Temperament und Selbstbewusstsein her Onur sehr ähnlich. So schnell nimmt ihm keiner etwas weg. In seiner Entwicklung überrascht er uns: Schon kurz nach seinem zweiten Geburtstag hat er zu laufen begonnen, und auch sonst ist er ziemlich clever und hinkt der Entwicklung seiner Altersgenossen nur wenig hinterher.

Bei diesen alltäglichen Herausforderungen sind unsere Zeiten zu zweit rar und hart erkämpft. Aber ich weiß: Gott hat David und mich zusammengestellt und in unsere Aufgaben hineingerufen. Ich erlebe, dass er uns jeden Tag neu mit Liebe, Weisheit und Kraft versorgt. Aus dieser Erfahrung heraus kann ich mit Alexanders großem Vorbild Bob der Baumeister zuversichtlich sagen: „Können wir es schaffen? Jo, wir schaffen es!"

Karina Schumann

Denen zeig ich's

„Wenn du im Osten lebst, musst du dich mit der Arbeitslosigkeit abfinden. Und außerdem hat man mit Mitte Vierzig sowieso kaum noch eine Chance am Arbeitsmarkt – im Westen übrigens auch nicht. Da darf man sich keine Illusionen machen." Wer so redet, meint es meistens gut. Deshalb muss er aber noch lange nicht recht haben. Es gibt nämlich auch Mut machende Gegenbeispiele.

Karina Schumann (49) hat verschiedene Berufe gelernt und dann ihre Berufung gefunden.

In den letzten zwanzig Jahren bin ich eigentlich immer nur durch offene Türen gegangen. Eine große Tür öffnete sich 1989. Als in Berlin die Mauer fiel, war ich in Dresden wegen unseres jüngsten Sohnes gerade in Erziehungszeit. Ich habe diese Zeit richtig genossen. Beim ersten Sohn hatte es mir oft das Herz zerrissen, wenn ich ihn so früh in die Krippe bringen musste. Das wollte ich nicht noch einmal erleben. Dann kam die Wende. Eigentlich wollte ich nach dem Erziehungsurlaub wieder als Laborassistentin in meiner Firma arbeiten. Aber schon nach kurzer Zeit gehörte meiner Firma zu den Arbeitgebern in Dresden, die ihre Leute entlassen mussten. Von dreißig Mitarbeitern blieben fünf. So ging ich aus der Erziehungszeit in die Arbeitslosigkeit. Eine Umschulungsmaßnahme zur Arzthelferin war die erste Tür, durch die ich dann ging. Arzthelferin lag irgendwie nahe, weil ich aus dem medizinischen Bereich kam. Nach dem Abschluss der Maßnahme habe ich aber nicht als Arzthelferin gearbeitet, sondern eine Teilzeitstelle bei einem freikirchlichen Arbeitgeber gefunden.

Das war auch wieder so eine offene Tür. Ich hatte mir vorher in Kursen Computerkenntnisse angeeignet. Das passte alles gut zusammen. Nach zehn Jahren erwischte mich erneut die Arbeitslosigkeit. Einsparmaßnahmen der Kirchleitung. Meine Stelle wurde wegrationalisiert. Das war im Jahre 2001. Ein halbes Jahr habe ich mir die „Auszeit" Arbeitslosigkeit gegönnt, ohne Panik, sondern in der ruhigen Gewissheit: „Das wird schon." Mit 42 Jahren habe ich doch noch viele Möglichkeiten! – Dachte ich. Geholfen hat mir in dieser Zeit auch mein Glaube, dieses Vertrauen, dass Gott einfach immer dabei ist. Das Arbeitsamt finanzierte dann Englischunterricht, und ich habe eine Ausbildung zur Buchhalterin gemacht. Dabei merkte ich aber ziemlich schnell: „Das ist nicht mein Ding." Wahrscheinlich war es dieser ganze Umgang mit Zahlen, der mir nicht gefiel. Jetzt wurde ich doch ein wenig unruhig. Du bist am falschen Platz!, durchfuhr es mich immer wieder. Das war kein gutes Gefühl.

Ich habe trotzdem den Kurs abgeschlossen. Aber dann kam eine große positive Überraschung: Das Arbeitsamt vermittelte mir eine Stelle im Hotel an der Rezeption. Ich war total begeistert. Das war genau das Richtige! Die nächste offene Tür – ich hatte es mit Computern und mit Menschen zu tun! Die Arbeit machte mir viel Freude. Nur das Verhältnis zum Chef war leider überhaupt nicht gut. Das war eine neue Erfahrung für mich. Bisher war ich mit meinen Kollegen und Vorgesetzten immer gut ausgekommen. Mir war schnell klar: „Nach der Probezeit kannst du dich nach was Neuem umschauen." Aber bevor meine Zeit im Hotel zu Ende war, lernte ich noch einen Manager kennen, der regelmäßig für seine westdeutsche Firma in Dresden zu tun hatte.

„Sagen Sie mal, Frau Schumann, was kann man sich denn hier in Dresden so alles anschauen?", fragte er eines Tages. Das war ja die richtige Frage für mich.

„Sagen Sie mal, Frau Schumann, was kann man sich denn hier in Dresden so alles anschauen?", fragte er eines Tages, als ich an der Rezeption stand. Das war ja die richtige Frage für mich. Ich liebe meine Stadt! Von

Kind an habe ich die Geschichten der Menschen, die sich hinter den alten Gebäuden, den eindrucksvollen Standbildern und Gemälden verstecken, gesucht und behalten.

„Ich zeige Ihnen meine Stadt!", war mein spontanes Angebot. Einige Male bin ich mit ihm durch unsere Straßen, in den Zwinger, über die Elbterrassen, in die Museen gegangen. Aber eines schönen Tages war „seine" Stadtführerin nicht mehr im Hotel. Er rief mich zu Hause an: „Was wollen Sie denn jetzt machen, Frau Schumann?"

„Mal schauen, ich weiß es noch nicht", war meine ehrliche Antwort. „Machen Sie doch das, was Sie wunderbar können, zu Ihrem Beruf – werden Sie Dresdner Stadtführerin."

Mich selbstständig machen als Stadtführerin? Hilfe, wie sollte ich denn das anpacken!? Ich hatte tausend Bedenken. Meine Familie konnte sich das auch gar nicht vorstellen. Aber zwei Gedanken setzten sich durch: „Ich kann's ja mal probieren", und: „Mehr als schiefgehen kann es ja nicht." Mein „Ideengeber" gab mir viele Tipps und riet mir, einen Geschäftsführerinnen-Kurs zu machen. Na schön, mit Umschulungen, Weiterbildungen und Kursen hatte ich ja nun schon reichlich Erfahrung. Also habe ich den auch noch absolviert.

„Das wird nischts!", sagte der Mann bei dem Amt, das meinen Antrag auf Selbstständigkeit prüfen musste.

„Das wird nischts!", sagte der Mann bei dem Amt, das meinen Antrag auf Selbstständigkeit prüfen musste.

„Sie werden nicht reich werden, aber Sie können ja mal anfangen", sagte die Frau bei demselben Amt. Ich hörte natürlich auf die Frau.

Und dann habe ich gekämpft. Ihr habt gedacht, ich schaff es nicht!, habe ich hinterher oft gedacht. Skepsis schlug mir wie ein Gegenwind entgegen, aber ich bin losmarschiert. Ich habe die Straßen und großen Bus-Parkplätze abgeklappert. Von jedem Reisebus, den ich in Dresden sah, habe ich mir die Firmenadresse notiert. Habe angerufen, Angebote verschickt. In den ersten

Monaten hab ich alle Zeit und Kraft ins Telefonieren investiert. Stundenlanges Klinkenputzen durch die Leitung.

Mein kleines Unternehmen kam auf die Füße. Es begann zu laufen. Jedes Jahr ging es ein Stückchen mehr bergauf.

Vielleicht klingt das jetzt ein wenig anmaßend, aber anders kann ich es nicht ausdrücken: Ich zeige meine Stadt mit Anmut und Liebreiz – und ganz viel Herzblut. Mir macht es unglaublich viel Freude, den Menschen durch meine Stadtführungen schöne Erinnerungen zu schenken. Jahreszahlen und technische Daten vergessen die Leute, aber die Menschen dahinter, ihre Geschichten, die mache ich lebendig. Das kann ich gut. Davon war ich immer überzeugt. Und die Rückmeldungen meiner Kunden zeigen mir das.

Aktuell erlebt Dresden einen Rückgang der Touristenzahlen. Das spürt mein kleines Unternehmen auch schon. Aber ich bin zuversichtlich. Da ist nicht nur dieses „Ach, das wird schon!" Ich spüre eine innere Ruhe und Gelassenheit. Früher konnte ich nicht viel damit anfangen, wenn Menschen von ihren Erfahrungen mit Gott erzählt haben. Jetzt gehöre ich selbst zu ihnen und sage: „Gott geht mit!"

Gesprächsprotokoll: Claudia Filker

Anita Jüntschke

Im Chaos zu Hause

Es gibt so viel Schönes auf der Welt. Hier eine Handtasche, die man schon beim Abschlussball dabei hatte. Dort ein Stapel Postkarten, die im Lauf der letzten zwanzig Jahre im Briefkasten lagen. Dazu nette Vasen vom Trödel, die vielen „Kunstwerke", die die Kleinen aus dem Kindergarten mitgebracht haben … Leider sind da aber auch die Sachen, die man irgendwann mal aussortieren müsste: alle Kabel und CDs, die nach der Installation neuer Elektronik übrig bleiben, die angelaufenen Kuchengabeln aus Tante Ellas Nachlass, die Medikamente, die man vor fünf Jahren verschrieben bekommen, aber nie geschluckt hat …

Man will ja nicht vermüllen, aber wann und wie soll man das alles schaffen?

Anita Jüntschke (43) ist Diplom-Pädagogin und arbeitet als Coach mit Messies.*

„Na, du bist doch auch eine, oder?"

Dieser Satz kam aus dem Mund von Angelika, mit der ich gerade den Büchertisch bei einem Frühstückstreffen für Frauen betreute. Grinsend hielt sie mir ein Buch vor die Nase mit dem Titel „Im Chaos bin ich Königin". Autorin: Sandra Felton. Irritiert nahm ich ihr das Buch aus der Hand, überflog das Inhaltsverzeichnis, musste es jedoch gleich wieder zur Seite legen, um die nächste Kundin zu bedienen.

An jenem Samstag im Oktober 1995 begegnete mir zum ersten Mal der Begriff „Messie".

---

* vom engl. „mess": großes Durcheinander; Verwirrung; Schmutz

Dezember 1991. Während ich, soeben vom Arbeitgeber in den Mutterschaftsurlaub geschickt, emsig dabei war, mit meinem dicken Babybauch durch die Wohnung zu watscheln und mich hemmungslos dem Nestbautrieb hinzugeben, saß der Verursacher meines Zustandes nach Feierabend gemütlich in seinem Sessel und rieb sich wahrscheinlich in Gedanken die Hände. Endlich hatte für ihn die lästige Hausarbeit ein Ende, so dachte er, und so hatte er es auch angekündigt: „Schatz, du bist ja jetzt nicht mehr berufstätig, und ‚das bisschen Haushalt' wirst du ja wohl locker alleine schaffen, okay?!"

Seit der Eheschließung und dem Einzug in die gemeinsame Wohnung hatten mein Mann und ich die Hausarbeit immer gemeinsam erledigt. Mit meinem Ausstieg aus dem Berufsleben entließ ich meinen Mann also großzügig aus seiner Hausmannspflicht. Das konnte ja wohl kein Problem werden, ‚das bisschen Haushalt' in einer kleinen Drei-Zimmer-Wohnung mit nur einem Kind!

Das konnte ja wohl kein Problem werden, ‚das bisschen Haushalt' in einer kleinen Drei-Zimmer-Wohnung mit nur einem Kind!

Ein Jahr später stellte sich die typische Situation wie folgt dar: Im Schneckentempo schlurfte ich durch den Flur und schaute verzweifelt durch fünf offene Türen in fünf Räume, die allesamt als chaotisch zu bezeichnen waren. Überall erblickte ich eine Vielzahl unerledigter Arbeiten. In der Küche waren so ziemlich alle Freiflächen belegt, mit benutztem Geschirr, Kochutensilien, Verpackungsmaterial von Lebensmitteln. Papiertüten vom Wochenmarkt, gefüllt mit Obst, Salat und Gemüse, lagen dazwischen. Der Geschirrspüler stand wie so oft voll mit sauberem Geschirr. Im Bad waren die vier Wäschetonnen nicht nur randvoll mit Dreckwäsche, auf den Deckeln türmte sich bereits weitere Kleidung. Das Katzenklo in der Ecke roch auf eine sehr verdächtige Weise. Im Kinderzimmer hatte meine süße Maus es erneut geschafft, so ziemlich alles aus den Kisten und unteren Fächern der Schränke herauszuholen, um damit spannende Abenteuer zu erleben. Im Schlafzimmer, mittlerweile noch beengter durch eine hinzugefügte Büroecke mit Schreibtisch und Computer, stand ein Wäschekorb mit unerledigter Bügelwäsche, und es häuften sich eine bedenkliche Menge an Plastiktüten und Taschen mit Inhalten der Marke „Das-kann-man-bestimmt-noch-mal-gebrauchen". Meine Seite vom Kleiderschrank war vollgestopft mit Kleidung gestaffelter Konfektionsgrößen, wie das bei Frauen mit Ziehharmonikafigur üblich ist. Im Büroschrank stapelten sich eingeklemmt zwischen den Regalbrettern Unterlagen und Info-Material zu verschiedensten Themen, für mich und für den Rest der Welt. Es könnte ja irgendjemand irgendwann anrufen und mich nach irgendeiner Info fragen. Im Wohnzimmer war die Ordnung erträglich, solange der Blick nicht in Richtung meines Sekretärs ging. Auf dessen offener Klappe lagen nämlich Papiere 15 Zentimeter hoch aufgeschichtet und wild durcheinander. Der Zeitschriftenständer neben dem Sekretär war als solcher nicht mehr zu erkennen, weil zu allen Seiten Prospekte, Zeitungen und Zeitschriften herausquollen. Und wenn ich den Flur betrat, standen mir mehrere Tüten und Taschen mit irgendwelchem Krempel, der das Haus verlassen, auf den Dachboden oder in den Keller sollte, vor den Füßen herum.

Die Aussicht auf all jene Arbeiten, die es in den fünf Räumen anzupacken galt, reichte eigentlich schon aus, um mir die Haare zu Berge stehen zu lassen. Aber ich grübelte nicht nur über die Tätigkeiten nach, die ganz offensichtlich anstanden. In meinem Gehirn war gleichzeitig die Liste von Hausarbeiten präsent, die, versteckt hinter Schranktüren, nicht für jedermann sichtbar waren. Während ich an jenem beispielhaften Morgen das Chaos um mich herum betrachtete, ging ich gedanklich all die Arbeiten der „unsichtbaren Liste" durch: Da gab es die nicht geputzten Schuhe, die nicht genähte Kleidung, die nicht gebastelten Geschenke, die nicht sortierten Unterlagen, die nicht geschriebenen Briefe, die nicht gebügelte Wäsche in den Schränken usw. usw. Und als hätte das nicht gereicht, gab es im Arbeitsspeicher meines seltsam überfluteten Hausfrauengehirns noch die Liste mit all den unerledigten Putzarbeiten, die es von täglich bis einmal jährlich abzuarbeiten galt. Meine Putzliste reichte von den nicht gewischten Fußböden, den nicht geputzten Fenstern über die Vielzahl an täglichen Putzarbeiten bis hin zu den nicht gereinigten Jalousien, den nicht abgewischten Türen, den nicht abgestaubten und nicht gepflegten Möbeln, den nicht gewaschenen Sofakissen, dem nicht abgetauten Gefrierschrank oder auch den nicht abgeseiften Heizkörpern.

Jeder Tag meines damaligen Chaoslebens endete mit Grübelei, mit Selbstanklagen und großem Frust. In unschönster Regelmäßigkeit wiederholte ich die ewig gleiche Frage: „Was ist nur los mit mir? Bin ich denn irgendwie zu blöd? Bin ich die unfähigste Hausfrau, die die Welt je gesehen hat?"

In unschönster Regelmäßigkeit wiederholte ich die ewig gleiche Frage: „Was ist nur los mit mir? Bin ich denn irgendwie zu blöd? Bin ich die unfähigste Hausfrau, die die Welt je gesehen hat?"

Wie sehr ich auch grübelte, ich fand weder eine Antwort auf meine Frage noch einen Ausweg aus meinem Drama. Mit der Zeit rutschte ich die Negativspirale meines Lebens immer weiter runter. Die ersten Monate mit meinem Säugling erlebte ich, als würde mein Tag in tausend kleine Puzzleteile zerlegt. Ständig wurde ich aus meiner Hausarbeit gerissen, musste angefangene Tätigkeiten liegen lassen. Das verwirrte mich zunehmend. Wenn ich hin und wieder andere Frauen mit Babys besuchte, kam ich aus dem Staunen nicht heraus: Wie konnte es sein, dass andere Frauen mit großem Haus, Garten, Hund, Baby und manchmal sogar weiteren Kindern alles auf die Reihe kriegten, nur ich nicht? Es musste also an mir liegen! Auf die Verwunderung, Irritation und all die verbissenen Versuche, meinen Alltag als Familienfrau zu meistern, folgte die zunehmende Wut gegen mich selbst, die sich beinahe zu Selbsthass steigerte. Jeden Tag aufs Neue fertigte ich mir To-do-Listen an, jeden Abend neu fand ich auf der Liste nur ein paar „Erledigt"-Haken. Nachdem ich lange Zeit wütend auf mich selbst gewesen war, blieb irgendwann nur noch Resignation.

Zunehmend machte es mir auch zu schaffen, dass der Zustand unserer Wohnung für meinen Mann keine Bagatelle sein konnte. Wie oft hieß „Feierabend" für ihn, die Wohnung zu betreten und als erstes in der Küche „klar Schiff zu machen". Überraschte er mich hin und wieder mit einem Blumenstrauß oder einer Süßigkeit, konnte ich die Geschenke nicht dankbar annehmen, weil ich der Meinung war, ich hätte sie nicht verdient, sei sie nicht wert. Erstaunlich, wie lange meine bessere Hälfte das Durcheinander in der Wohnung aushielt ohne auszuflippen! Auf meine ständigen Entschuldigungen folgte lange Zeit sein ständiger Hinweis, das Chaos sei für ihn nicht so schlimm wie eine nervöse Ehefrau, deren Stimmung meistens nicht die beste sei. Nach etwa drei Jahren Geduld und Nachsicht war mein Mann jedoch am Ende und fauchte mich immer öfter, typischerweise Geschirr-ein-und-aus-räumend an: „Das kann ja wohl nicht wahr sein, dass jemand immer und immer wieder das Zeug oben drauf stehen lässt statt es gleich in die Maschine zu packen!"

Dabei waren mein Mann und ich in den ersten Monaten nach der Geburt unserer Tochter Gott zutiefst dankbar gewesen für das Leben, das wir führen durften. Wir hatten ein Dach über dem Kopf, führten eine glückliche Ehe, hatten einen supersüßen Sonnenschein von einem Kind – unser Wunschkind! Es gab in jener ersten Familienzeit Momente, da weinte ich vor Glück. Wie sehr wollte ich eine gute Ehefrau, eine gute Mutter, eine gute Christin und natürlich auch eine gute Gastgeberin sein, eine, deren Tür für Besucher immer offen steht!

Aber jetzt war ich nur noch im Versagen gut. Der Horizont unseres ehemals idyllischen Familienlebens bezog sich zunehmend mit dunklen Wolken.

Jeder Tag meines Messie-Lebens wurde außerdem begleitet von der Angst, „es" könnte entdeckt werden.

Jeder Tag meines Messie-Lebens wurde außerdem begleitet von der Angst, „es" könnte entdeckt werden. Schlimm war der Tag, an dem mein Mann unseren Nachbarn spontan in unser Schlafzimmer mitnahm, weil er ihm etwas am Computer zeigen wollte. Schlimmer war der Tag, an dem die Ehefrau des Nachbarn ohne Vorwarnung für eine eilige Kochaktion in meiner Küche meinen Mikrowellenherd benutzen wollte. Am schlimmsten aber war jener Tag, an dem mein Mann mit unserer Tochter von einem Einkauf zurückeilte und sofort die Versicherungs-Karte unserer Tochter brauchte, um mit ihr wegen Schmerzen am Ellenbogen schleunigst zum Kinderarzt zu fahren. Mir wurde heiß und kalt. Ich hatte doch absolut keine Ahnung, wo ich die Chipkarte finden sollte! Wutschnaubend rauschte mein Mann davon. Während der anschließenden hektischen Suchaktion fragte ich mich wieder und wieder: „Was ist, wenn es hier mal brennt? Dann müssten wir mit einem Griff die wichtigsten Papiere aus dem Haus retten!"

Beschämt, mit blank liegenden Nerven und hochrotem Kopf fuhr ich Mann und Kind auf dem Fahrrad hinterher, um die auf gut Glück aus dem Chaos gefischte KV-Karte verspätet beim Kinderarzt vorzuzeigen.

Das war definitiv der Tiefpunkt meiner Messie-Tragödie. Kurze Zeit nach dieser Suchaktion öffnete mir die eingangs erwähnte Angelika mit ihrer Frage (ohne es zu wissen) die Tür zur Veränderung. Einige Tage später kaufte ich kurz entschlossen ein Exemplar des Felton-Ratgebers. Nie werde ich vergessen, mit wie viel Tränen ich das Buch las. Ich konnte es überhaupt nicht fassen, dass es so viele von meiner Sorte gab! Und dass mein Problem sogar einen Namen hatte! Da draußen vor meiner Wohnungstür, so wurde mir klar, musste es noch so viele geben, die so waren wie ich. Nur wo? Wer? Und wie konnte ich sie kennenlernen?

Mit der Lektüre meines zweiten Messie-Buchs von Felton („Im Chaos werden Rosen blühen") erhielt ich endlich praktische Anleitungen zum Aufräumen. Von da an gab es für mich kein Halten mehr!

Mit der Ankündigung: „Ich brauche mal ein Sabbatjahr!", fuhr ich das ehrenamtliche Engagement in meiner Kirchengemeinde auf Null herunter. Gleich nach dem Jahreswechsel 1995/96 bewaffnete ich mich mit drei stabilen Kartons und beschriftete sie gemäß dem Felton-Ratgeber mit den Worten *Wegwerfen, Weggeben, Woanders,* wild entschlossen, systematisch jeden Zentimeter unserer Wohnung in Ordnung zu bringen.

Die Erinnerung daran zaubert mir heute ein breites Grinsen ins Gesicht: Anstatt auf Frau Feltons weisen Rat zu hören, nahm ich die Mammutaktion nicht als Marathon in Angriff, sondern als Sprint. In null Komma nichts hatte ich so mehrere Baustellen gleichzeitig in der Wohnung und – zum Leidwesen meines Mannes – außerdem noch eine im Flur vor der Wohnungstür. Eines Abends konnte ich eigentlich nur noch mit Flügeln ins Bett gelangen, da der Platz vor meiner Bettseite weiträumig belegt war. Aber ich schaffte es!

Was ich mangels Systematik und wegen fehlender Praxiserfahrung nicht hinbekam, konnte ich durch Entschlossenheit wettmachen. Als Meisterin des Kopfkinos hatte ich für jeden Raum die künftige Detailansicht vor meinem geistigen Auge. Ich brannte förmlich darauf, meine Vision verwirklicht zu sehen. Ich sah, wie ich eines Morgens lässig durch den Flur gehen würde, wie ich durch fünf offene Türen schaute und in fünf aufgeräumte, saubere, angenehm anzusehende Räume blickte, tief durchatmete und mich auf den Tag freute, zufrieden mit mir und meiner kleinen Welt. Nie wieder wollte ich mich so schämen, nie wieder die Türklingel fürchten, nie wieder so würdelos und aggressiv mit mir selbst umgehen!

Nie wieder wollte ich mich so schämen, nie wieder die Türklingel fürchten, nie wieder so würdelos und aggressiv mit mir selbst umgehen!

Für die Befreiungsaktion in unserer Wohnung hatte ich ein halbes Jahr angesetzt. Zu meinem großen Erstaunen war ich nach drei Monaten fertig, zumindest mit der Wohnung; Keller und Dachboden hatte ich noch vor mir. Was für eine Wandlung, was für ein verändertes Lebensgefühl! Ich schwor mir selbst: „Ich will nie wieder in das Chaos zurück, aus dem ich komme!"

Befreit von Chaos und Ballast saß ich Anfang April 1996 zutiefst erleichtert und dankbar in meinem aufgeräumten, schönen, nett anzusehenden Wohnzimmer und ließ nachdenklich den Blick schweifen. Ein Gedanke ließ mich seit Tagen nicht mehr los: Das alles durfte ich doch nicht für mich behalten! Das wäre doch unfair! Wie viele Frauen da draußen glaubten vielleicht genau wie ich zuvor, es gäbe keine Hoffnung und keine Hilfe! Oh Gott! Das *musste* ich doch irgendwie weitersagen!

Dem Gedanken folgten Gebete, und die wurden von Gott umgehend beantwortet: Noch im gleichen Monat ergab sich für mich die Gelegenheit, in Cuxhaven am ersten deutschen Kongress mit Sandra Felton teilzunehmen. Wie herzerfrischend empfand ich es, mit etwa hundert Messie-Frauen zusammenzusitzen, gemeinsam zu lernen, zu lachen, zu weinen. An jenem Wochenende durfte ich auch die Geburtsstunde der deutschen Bewegung „Anonyme Messies" miterleben.

Zwölf Jahre später bestimmt das Thema noch immer meinen Alltag. Mir war es immer ein Anliegen, die Messie-Problematik zu einem „normalen" Thema zu machen und aus der Tabuzone herauszuholen, damit möglichst viele Messies aus ihrer Isolation herauskommen und sich trauen, um Hilfe zu bitten. Jeder Selbstmord eines Messies, von dem ich hörte, trieb mich weiter voran in meinen Bemühungen. Mehrfach hatte ich zusammen mit anderen bundesweit aktiven Messies die Gelegenheit, über Fernsehen, Rundfunk und Presse die Öffentlichkeit aufzuklären. An mehreren Volkshochschulen leitete ich Seminare für Betroffene, zunächst nur für Frauen, bald darauf aber auch für Männer. Die Arbeit wuchs, zu gelegentlichen Vorträgen kam die regelmäßige

Unterstützung einer örtlichen Selbsthilfegruppe. Die telefonische Beratung von Messies und Angehörigen nahm zu, ich schrieb zwei Bücher und etliche Artikel, vor allem für die bundesweit versandten Rundbriefe der „Anonymen Messies".

Heute widme ich mich zunehmend der Aufgabe, gemeinsam mit Messies in ihrem privaten Umfeld aufzuräumen. Jedes Mal aufs Neue freue ich mich sehr, wenn ich bei meinem Coaching miterleben darf, wie aus einem unglücklichen, unaufgeräumten Messie ein glücklicher, aufgeräumter (Ex-?)Messie wird.

Während der Vorbereitung meiner ersten VHS-Seminare befasste ich mich intensiv mit der Diskussion um mögliche Ursachen für das Messie-Problem und war dabei natürlich auch neugierig, welche Antwort ich für mich selbst finden würde. Mit Sicherheit war ich perfektionistisch veranlagt, aber nicht zwangsgestört. Eine Depression konnte ich ebenfalls ausschließen. Es gab kein traumatisches Erlebnis zu verarbeiten, also hatte ich auch keine „PTBS" (posttraumatische Belastungsstörung). Mir kam außerdem nichts in den Sinn, was zu frühkindlichen Störungen bzw. Bindungsstörungen gepasst hätte. Und ich war auch kein Opfer sexuellen, emotionalen oder anderweitigen Missbrauchs.

Mein Problem war offensichtlich ein neurobiologisches: Ich hatte und habe das sogenannte ADS, das Aufmerksamkeits-Defizit-Syndrom. Sämtliche Literatur, die ich zu Rate zog, ließ das deutlich werden. Bei zwei verschiedenen Fachleuten, die ich nach einigem Zögern aufsuchte, wurde mit entsprechenden Testverfahren die Diagnose abgesichert.

Plötzlich ergab so vieles in meinem bisherigen Leben einen Sinn. Ich verstand, warum ich solch eine desorganisierte Chaotin gewesen war und warum mit der Geburt unserer Tochter und den damit erhöhten Anforderungen an meine Organisationsfähigkeit mein Alltag derart ins Schleudern geraten war. Die Diagnose war für mich einerseits eine Erleichterung, andererseits war ich ziemlich bestürzt, denn „ADS" hieß ganz klar, mein ganzes Leben mit einem „ADS-Gehirn" zurechtkommen zu müssen.

Es brauchte einige Jahre, viele Tränen und so einiges an Therapie und Training, bis ich mit Gottes Hilfe zu einem humorvollen und fehlerfreundlichen Menschen werden konnte, der auch noch liebevoll mit sich selbst umgeht.

Diese bittere Pille galt es erst einmal zu schlucken. Es brauchte einige Jahre, viele Tränen und so einiges an Therapie und Training, bis ich mit Gottes Hilfe zu einem humorvollen und fehlerfreundlichen Menschen werden konnte, der auch noch liebevoll mit sich selbst umgeht. Und der eine Aufgabe gefunden hat, die wie der Topf auf den Deckel passt. Was heißt, eine Aufgabe? Es ist für mich mehr als das. Es ist meine Berufung, für die ich sehr, sehr dankbar bin.

Alexandra Lisek

Ihr habt gedacht,
ich schaff es. – Danke!

„Immer schön der Reihe nach!",
sagen die Eltern zu den erwachsen
werdenden Kindern und meinen damit: erst die Schule,
dann die Ausbildung und dann der erste Gedanke ans Kinderkrie-
gen. Doch wenn die erwachsenen Kinder dann in die Jahre kommen,
warten die Eltern sehnlichst und oft vergeblich auf die Geburt von
Enkelkindern. Offensichtlich kommt nur ein Teil der Kinder für alle
Beteiligten „gerade richtig". Aber jedes Kind hat es nötig, willkom-
men zu sein.

Alexandra Lisek (22) ist Studentin und Mutter.

Ist es nicht gerade erst ein halbes Jahr her, dass ich hier in dieser
Schulaula stand? Heute will ich mir ein Konzert anhören. Vor
sechs Monaten habe ich auf diesem Parkett bei meinem Abi-Ball
getanzt! Damals schwebte ich auf Wolke sieben. So viele schöne
Dinge passierten gerade gleichzeitig in meinem Leben: endlich
das Abitur in der Tasche! Total verliebt. Und gerade erst vor zwei
Wochen in der Gemeinde, die ich seit drei Jahren besuchte, getauft worden. Ich hatte so richtig das „Alles-stimmt-und-jetzt-
kann's-losgehen-Gefühl".

Und jetzt? Die große Liebe ist gegangen. Er hat einfach Schluss
gemacht. Bevor ich wusste, dass ich schwanger war. Von Wolke
sieben ist keine Spur mehr. Ich stehe hier in meiner alten Schule
mit meinem dicken Bauch. Jeder kann's sehen – ich bekomme
ein Kind. „Ach, du bist schwanger?", fragt mein Deutschlehrer,
„Von dir hätte ich das zuletzt erwartet." So was knallt schon rein.
Irgendwie passe ich jetzt nicht mehr in das Bild der braven Alexa.

Ich hatte mir das ja auch nicht so vorgestellt. Ein Kind!? Ich fühle mich doch mit neunzehn Jahren selbst noch wie ein halbes Kind. Ich habe keinen Partner. Ich habe keine Ausbildung. Und ob ich einen Studienplatz bekomme, ist auch noch völlig offen. Ich weiß ja noch nicht mal, was ich eigentlich studieren will.

„Ja, Frau Lisek, Sie bekommen ein Kind". Es war ein Donnerstag, als die Frauenärztin mit diesen knappen Worten meine Lebenswende einleitete. Ich verliere die Fassung. Die Tränen fließen. Aus der bangen Ahnung ist Gewissheit geworden. „Nun, Sie können sich das ja überlegen – bis Montag." Freitag, Samstag, Sonntag – drei Tage habe ich Zeit, um mich für oder gegen eine Abtreibung zu entscheiden. Drei Tage!

„O, das ist ja toll!" Das waren ihre ersten Worte! Ich war so platt, so erleichtert! In derselben Sekunde wusste ich: Ich behalte das Kind.

Meine Mutter ist meine erste Anlaufstelle. Wir haben ein gutes Verhältnis. Vielleicht habe ich deshalb solche Hemmungen, es ihr zu sagen. Bestimmt ist sie ganz geschockt. Enttäuscht. Aber dann: „O, das ist ja toll!" Das waren ihre ersten Worte! Ich war so platt, so erleichtert! In derselben Sekunde wusste ich: Ich behalte das Kind.

Jetzt hatte ich nicht mehr drei Tage, sondern sieben Schwangerschaftsmonate, um über meine neue Situation nachzudenken. Normalerweise überlegt man sich ja vorher, bevor man sich für ein Kind entscheidet, was auf einen zukommt. „Versuch mal" und „Guck mal, wie du zurecht kommst", geht ja nicht bei einem Kind. Ich habe das mit dem Überlegen hinten drangehängt. Und Zeit hatte ich ja genug in diesen Monaten, fast zu viel Zeit. Einen Studienplatz hatte ich in Berlin nicht bekommen, und jobben konnte ich auch nicht. Es blieben mir viele, viele Tage zum Grübeln!

Oft dachte ich nur: „Was kommt da bloß auf dich zu?" In der Zeit der Schwangerschaft musste ich ja auch das Ende meiner Beziehung unter die Füße bekommen. Manchmal war ich nur traurig. Manchmal habe ich mich vor allem über mich selbst geärgert. Warum hatte ich mich bloß so blind in diese Beziehung gestürzt? Ich war halt unsterblich verliebt gewesen. Hatte viel mehr erhofft, als dieser Theologiestudent geben wollte. Und jetzt war ich sauer. Auf mich. Auf ihn. Und auch auf Gott. Ich hatte ganz schön zu knabbern. „Eine Vorzeigefamilie wird das nicht, Alexa", dachte ich manches Mal. Vielleicht hatte ich auch deshalb ein paarmal leise Zweifel. Keine starken Zweifel, aber da war so ein Gefühl: Hast du dich richtig entschieden? Aber das verschwand dann auch wieder.

Ich habe oft versucht mir vorzustellen, wie das ist, Mutter zu sein. Das passt doch gar nicht zu dir!, hab ich dann zu mir selbst gesagt. Und dann war da wieder diese ganz starke Zuversicht. Ich hab einfach gedacht: Ich pack das!

Zum Glück habe ich immer wieder Menschen getroffen, die sich mit mir freuten und das genau so sagten: „Das schaffst du schon!" Das hat mir viel Kraft gegeben.

Ich wusste von einer Mitschülerinn, dass sie in der 12. Klasse abgetrieben hatte. Ich traf sie eines Tages, sie kam direkt auf mich zu: „Du hast Mut! Ich hab mich das nicht getraut."

Überhaupt war es einfach schön, wie sehr sich die Gleichaltrigen mitgefreut haben.

Als ich mich für mein Baby entschieden hatte, war mir klar: Eine Abtreibung würde ich mein ganzes Leben lang bereuen. Das wusste ich. Am Ende habe ich meinen Bauch richtig stolz vor mir her getragen. Echt. Mir war mein Bauch kein bisschen peinlich. Ich war einfach nur stolz.

Am Ende habe ich meinen Bauch richtig stolz vor mir her getragen. Echt. Mir war mein Bauch kein bisschen peinlich. Ich war einfach nur stolz.

Damals wohnte ich noch bei meinen Eltern in Brandenburg. Während der Schwangerschaft bin ich jede Woche nach Berlin reingefahren. Immer bin ich in die gleiche Buchhandlung am Bahnhof Friedrichstraße gegangen. Ich liebe Bücher. Ich habe mich in „meine" Ecke gesetzt und jede Woche das gleiche Buch mit den Fotos über die Entwicklungsschritte der Babys im Mutterleib aus dem Regal genommen. Ich habe darin geblättert: Jetzt hat es schon Fingernägel. Jetzt sind die Füße schon so groß. Ich habe so gestaunt über Gottes Wunder. Dass ein Kind in mir wächst, das ist doch krass! Da muss man doch einfach an Gott glauben, oder?

Während der Schwangerschaft habe ich weiter im Jugendorchester Geige gespielt. Ronja wurde unser Orchesterbaby. Die anderen haben ihr dann auch ein Instrument zugedacht – die Flöte, weil wir da knapp besetzt waren.

In der ersten Zeit nach der Geburt habe ich oft ganz lange an Ronjas Bettchen gestanden und sie nur angeguckt. Ich habe mich einfach nur gewundert, wie schön sie ist.

Die Geburt war nur halb so schlimm, wie ich sie mir nach dem Besuch des Geburtsvorbereitungskurses vorgestellt hatte. Den habe ich natürlich auch besucht und erst mal zu hören bekommen, was da so alles passieren kann. Es lief viel besser als befürchtet. Meine Mutter war dabei und auch Ronjas Vater.

Am Ostersonntagmorgen habe ich meine Kleine dick eingemummelt aus dem Krankenhaus getragen. Ich bin an einem Mann vorbeigegangen, und ich habe gemerkt: Der lächelt jetzt über mich. Der sieht, wie stolz ich mit meinem Päckchen hier bin. Das sieht der richtig!

Irgendwie war ich total überrascht, wie viele Leute sich mit mir über mein Kind freuen. Meine Familie, meine Freunde, die Verwandtschaft, die Nachbarn – und die Menschen in meiner Gemeinde. Wir haben ganz viele junge Leute bei uns, auch viele junge Familien. Die sagen mir immer wieder, wie süß meine Tochter ist. Ich dachte, das muss doch irgendwann mal aufhören. Tut's aber nicht. Die sagen das jetzt immer noch. Ach, das ist einfach schön. So was braucht man. Denn gerade in den ersten Wochen war ich schon manchmal mutlos. Besonders, wenn meine kleine Tochter nachts schrie. Ich hab doch alles für sie gemacht, und sie schrie weiter! Das hat mich schrecklich verunsichert. Ich fühlte mich überfordert. Ich hatte mir vorgenommen: Ich mache alles, was in meiner Kraft steht. Und hab dann gemerkt: Manchmal reicht das nicht. Da war dann dieses Gefühl: So hab ich mir das aber nicht vorgestellt. Heute weiß ich, dass viele Mütter solche Gefühle haben. Aber wenn ich nachts allein im Bett lag, mit einem schreienden Baby – ehrlich, dann habe ich mich manchmal ganz schön einsam gefühlt.

Ich mache alles, was in meiner Kraft steht. Und hab dann gemerkt: Manchmal reicht das nicht.

In den ersten Monaten bin ich bei meinen Eltern geblieben. Ich habe ein paar Monate gebraucht, um mich wirklich als Mutter zu fühlen. So richtig gut war es aber erst, als ich mir in Berlin eine eigene Wohnung genommen hatte. Ich verstehe mich gut mit meinen Eltern und bin oft mit Ronja bei ihnen. Aber auf eigenen Füßen zu stehen, ganz Verantwortung zu übernehmen – das Gefühl habe ich erst, seit ich allein wohne. Klar, auch jetzt bin ich manchmal noch unsicher. Irgendwann habe ich zum Beispiel gemerkt: Huch, jetzt musst du ja auch erziehen. Konsequent sein.

Es gibt auch immer wieder Momente, da erwischt mich der Neid auf die anderen. Die, die so alt sind wie ich und abends einfach weggehen können. Die so frei sind, so ungebunden. Dann hab ich mir richtig selbst leid getan. Ich fand's einfach nur unfair, zu Hause mit einem Kind zu sitzen. Solche Gefühle kommen manchmal – und gehen zum Glück auch wieder.

Jetzt wohne ich in der Nähe meiner Gemeinde. Ich gehe abends manchmal weg. Zum Glück habe ich Babysitter, und Ronjas Vater kommt zweimal in der Woche. Das klappt gut.

Ich habe viel Hilfe, vor allem natürlich meine Eltern, aber auch Freunde. Klar, ich muss auch um Hilfe bitten. Den Mut muss ich schon aufbringen, statt darauf zu warten, dass andere mir ihre Hilfe anbieten. Überhaupt ist meine Gemeinde für mich sehr

wichtig. Die Gottesdienste, die netten Menschen, meine Frauen-
gruppe, mit der ich alles besprechen kann.

Und noch etwas: Ich war ehrlich gesagt überrascht, wie sehr unser Staat Frauen in meiner Situation unterstützt. Damit hatte ich überhaupt nicht gerechnet.

Und noch etwas: Ich war ehrlich gesagt überrascht, wie sehr unser Staat Frauen in meiner Situation unterstützt. Damit hatte ich überhaupt nicht gerechnet. Ich fühle mich als alleinerziehende Mutter bestens versorgt.

Ronja ist jetzt eineinhalb Jahre alt. Ich habe einen Studienplatz bekommen. Bald beginnt mein Studium: Historische Lin-
guistik. Wieder ein neuer Abschnitt. Ich habe schon so viel ge-
schafft!

Nein, ich habe keine Angst. Ich bin einfach nur gespannt.

Gesprächsprotokoll: Claudia Filker

Simona Foreman

Aus dir wird nichts!

„Wessen ‚Lebenszug' einmal – warum auch immer – auf ein falsches Gleis geraten ist, der kommt davon nicht mehr herunter, dessen Zug fährt nun mal in die falsche Richtung." So etwas sagt man selten oder nie. Aber man denkt es. Das Leben von Simona Foreman bezeugt, dass es auch ganz anders sein kann.

Simona Foreman (46) arbeitet als Trainerin und Coach im Bereich Kommunikation, Sozialkompetenz und persönliche Weiterentwicklung. Sie lebt in Vlotho/Westfalen.

„Aus dir wird nichts." Diesen Satz habe ich gehört, seit ich denken kann. Ich konnte ihn aber nicht nur hören. Ich sah ihn auch, in Blicken und Gesten. Und manchmal fühlte ich ihn körperlich. Er schien mein Lebensmotto zu sein. Eines, das ich mir nicht gewählt hatte, sondern das andere schon ganz früh für mich zum Motto bestimmt hatten.

Ich bin 1962 in einem kleinen Dorf in Norddeutschland geboren und aufgewachsen. Ein Ort, wo jeder jeden kennt. Nach meiner Geburt verabschiedete sich mein Erzeuger, der „anderweitig" verheiratet war, von meiner Mutter mit dem Satz: „Bis morgen, mein Schatz!" Doch morgen kam nie. Meine Mutter musste arbeiten, und so wurde ich von meiner Oma großgezogen, bis mich vier Jahre später der neue Mann meiner Mutter, ein Italiener, adoptierte.

In unserem Dorf war es schlecht angesehen, wenn eine deutsche Frau mit einem Italiener zusammenlebte. Aber auch meine Oma, die sie die blonde Dolly nannten, hatte dort einen schweren Stand. Man warf ihr vor, sich ihr Haus erschlichen zu haben.

111

Nach der Adoption verschlechterte sich meine Situation noch dadurch, dass wir in einem halb verfallenen Häuschen lebten, das schon längst hätte abgerissen werden sollen.

Wenn die Mädchen aus meiner Schulklasse Geburtstag feierten, wurde ihnen verboten, mich einzuladen. So blieb mir nicht viel anderes übrig, als durch Lügengeschichten zu glänzen. Die waren am Anfang nicht sehr ausgefeilt und halfen mir deshalb nicht dabei, endlich Anerkennung zu finden. Meine Eltern liebten mich, so gut sie konnten, und doch fühlte ich mich benutzt und unverstanden.

Ich wollte Erzieherin werden. Doch nach der Fachschulzeit brach ich die Ausbildung ab, um ganz für meine Tochter da sein zu können. Ich hatte mir ein Baby gewünscht und deswegen nicht verhütet. Ich wollte eine eigene, richtige Familie haben. So entschloss ich mich als Neunzehnjährige zu heiraten, ohne zu wissen, was es bedeutet. Mein Mann war Anfang zwanzig und erklärte mir, dass eine Heirat das Beste für uns sei, da er dann nicht zur Bundeswehr müsse. Er war alles für mich, ich vertraute ihm und wollte alles glauben, was er mir erzählte. Mein Mann war klug, verstand mit mir zu reden und die kompliziertesten Vorgänge einfach zu erklären. Im letzten Ausbildungsjahr zum Elektrotechniker brachte er durch seine Überzeugungskraft die Belegschaft dazu zu streiken. Doch eines Tages wollte er nicht mehr in seinem Beruf arbeiten, bezeichnete sich fortan als Erfinder und hatte auch wirklich gute Ideen, die er jedoch nie zu Ende brachte. So lebten wir in unserer kleinen Traumwelt – und von Sozialhilfe.

Drei Jahre nach unserer Tochter kam ein Sohn dazu. Ich war mit Begeisterung Mutter und konnte mir nichts Besseres vorstellen. Dabei wurde ich von meinem Mann oft betrogen. Er versuchte nicht mal, es zu verstecken. Er „erklärte" seine Fehltritte, und das reichte mir. Ich hatte ja meine Traumwelt, und aus der wollte ich nicht raus, auch nicht, als körperliche und seelische Gewalt mir gegenüber normal wurde und ich schließlich mit den Kindern auszog. Wie konnte es so weit kommen? Warum habe ich mir damals keine Hilfe geholt? Ich weiß es nicht. Vielleicht, weil ich es nie erlebt hatte, dass mir geholfen oder geglaubt wurde. Er war ein Mann mit Charisma, ich war ein Niemand. Wer sollte sich auf meine Seite stellen?

An diesem Punkt meiner Geschichte beging ich den größten Fehler meines Lebens. Nur wenige Monate nach dem Auszug erzählte mir mein Mann, dass er in Zukunft mit einer Frau zusammenleben werde, die von ihm ein Kind bekomme. Wenn unsere Kinder zu ihm ziehen würden, könnten sie in einer richtigen Familie leben. Wichtig sei allerdings, dass er das alleinige Sorgerecht bekomme. Ich glaubte ihm und überließ ihm das Sorgerecht. Das war es ja, was ich mir immer für meine Kinder gewünscht hatte: eine richtige Familie. Natürlich versprach mein Mann, dass ich sie jederzeit sehen dürfe, doch aus dem Jederzeit wurde nichts, und er unternahm alles, um die Kinder von mir fernzuhalten. Bis heute habe ich fast keinen Kontakt zu ihnen. Mein Mann fand immer Gründe, ihre Besuche bei mir zu verhindern: „Die Kinder sind krank." „Die Kinder sind gerade bei meinen Eltern." „Die Kinder kommen von dir verwahrlost und durcheinander zurück." Selbst nachdem mir das Besuchsrecht von einem Gericht zugesprochen worden war, besserte sich die Situation nicht. Ich hätte die Polizei rufen müssen, um mein Recht durchzusetzen, aber das wollte ich den Kindern nicht antun. Ich gab also auf und begnügte mich damit, ihnen jede Woche einen Brief zu schreiben – ohne je eine Antwort zu bekommen. Einmal traf ich die beiden zufällig auf der Straße. Mein Sohn rannte gleich weg, und meine Tochter sagte mir, Papa habe ihnen verboten, mich zu sehen. „Du sollst dir lieber eine Katze holen, damit du jemanden hast, den du lieb haben kannst."

„Du sollst dir lieber eine Katze holen, damit du jemanden hast, den du lieb haben kannst."

Eine eigene Familie war mein einziger Traum vom Leben gewesen. Dieser Traum war nun zerstört, und deshalb gab es für mich keinen Grund mehr weiterzuleben. Ich überlegte mir, wie ich mich am besten umbringen könnte, und wählte eine Überdosis Heroin. Ich starb nicht, wurde aber heroinabhängig und lebte für zwei Jahre auf der Straße. Mein Geld verdiente ich durch Prostitution.

Viele Menschen stellen sich ja vor, dass es wer weiß wie schlimm ist, sich zu prostituieren. Aber das war es nicht. Der Schmerz über den Verlust meiner Kinder war so groß, dass ich gar nicht wahrnahm, was für ein Leben ich führte. Ich war innerlich gestorben, und wenn doch etwas hoch kam, gab es Drogen, die mir halfen, aus dieser schrecklichen Welt zu fliehen. Mein Herz schrie nach Liebe und Hilfe, aber mein Mund blieb stumm. Ich war unfähig, Hilfe zu suchen, und meinen stummen Schrei hörte niemand.

Meine Eltern waren in der Zwischenzeit Zeugen Jehovas geworden und radikal davon überzeugt, dass ich zu Satan gehörte und nicht mehr zu ihnen. Ich versuchte nicht, mein Leben vor ihnen oder sonst jemandem zu verbergen, ganz im Gegenteil, ich führte es ihnen in aller Offenheit vor. Das war meine Art zu sagen: Ihr wart nicht da, als ich euch brauchte, habt mich nicht in Schutz genommen, nicht für mich gekämpft, nicht an mich geglaubt. Jetzt zeige ich euch, dass ihr recht hattet. Ihr sollt sehen, was ihr aus mir gemacht habt. Ihr habt mir nie das Gefühl gegeben, dass ich schön oder wertvoll bin. Jetzt bin ich es tatsächlich nicht mehr.

Ihr sollt sehen, was ihr aus mir gemacht habt. Ihr habt mir nie das Gefühl gegeben, dass ich schön oder wertvoll bin. Jetzt bin ich es tatsächlich nicht mehr.

Ich spielte mit meinem Leben. Ich wollte es wegwerfen. Ich hasste mich und alle Menschen. Aber – das weiß ich heute –: Auch in dieser Zeit schützte Gott mein Leben immer wieder vor dem Tod, vor Wahnsinn und Aids. Denn er hatte sich vorgenommen, mir zu begegnen.

Es war mein Geburtstag. Ich wohnte in einem VW-Bulli und hatte alle Beziehungen abgebrochen. Nur einen Schlüssel zur Wohnung meiner Eltern besaß ich noch. Sie waren im Urlaub, das wusste ich, weil sie jedes Jahr zur gleichen Zeit wegfuhren. Ich wollte zur Feier des Tages bei ihnen ein Bad nehmen und ihren Alkohol trinken, allein. Als ich den Bulli verlassen wollte, hakte sich jedoch die Schiebetür in der Metallschiene fest. Ein neuer Nachbar sah, dass ich die Tür weder auf noch zu kriegte, kam runter und half mir. Er behandelte mich, als sei ich etwas ganz Wertvolles, und zu meiner eigenen Überraschung fragte ich ihn, ob er mit mir meinen Geburtstag verbringen wolle. Er sagte spontan zu. Während ich mehr und mehr Alkohol in mich hineinschüttete, trank er Cola und erzählte mir von Jesus. Dieser Jesus war mir egal, ich kannte ihn nicht. Aber die Wertschätzung und Liebe in der Stimme des Nachbarn bewegten mein Herz, und ich musste ihm einfach zuhören. Wir trafen uns auch am nächsten Tag und am übernächsten. Viele Tage ging es so, bis er mich dazu überredete, in seine Gemeinde mitzukommen. Das war ein großer Schritt für mich, denn ich wusste, dass ich ein schlechter Mensch war, eine Sünderin. Und ich war überzeugt, dass die Menschen, die ich im Gottesdienst treffen würde, alle gut und heilig wären.

Da saß ich also eines Sonntagmorgens in einem Gottesdienst im Nachbarort unseres kleinen Dorfes, die Gemeinde sang Loblieder, und ich konnte mich nicht mehr beherrschen. Ich heulte los. Kaum hatte ich mich etwas beruhigt und entschieden, schnell wegzugehen, klopfte mir eine ältere Dame auf die Schulter und gab mir ein weißes Spitzentaschentuch. Das war zu viel für mich. Dieser Liebesbeweis überwältigte mich einfach. Ich fing wieder heftig zu weinen an. Mittlerweile war die Predigt, von der ich nichts mitbekommen hatte, zu Ende, und ich unternahm meinen zweiten Fluchtversuch. Er endete jedoch in den Armen des Pastors, der sich mitten in den Weg gestellt hatte. Er fragte mich, ob er für mich beten dürfe, und das tat er dann auch. Er bat Jesus, sich mir zu offenbaren, mir seine Liebe zu schenken und mich von meinen Ketten zu befreien.

Als ich wieder in meinem VW-Bulli am Waldrand saß, nahm ich die Bibel, die ich geschenkt bekommen hatte, und las das Neue Testament. Ich konnte gar nicht aufhören zu weinen und zu lesen. Jesus war da mit Trost und Hoffnung, und ich liebte Ihn, einfach wegen seiner Liebe zu mir. Von morgens bis abends saß ich da und las. Dabei bemerkte ich gar nicht, dass ich schon mehrere Tage kein Heroin genommen hatte. Ich war frei.

Von morgens bis abends saß ich da und las. Dabei bemerkte ich gar nicht, dass ich schon mehrere Tage kein Heroin genommen hatte. Ich war frei.

Jetzt wo ich Jesus liebte, wollte ich alles so machen, wie es sein Wille war. Eine richtig gute Christin wollte ich werden. Aber bald musste ich feststellen, dass ich das nicht schaffte. Da waren Verhaltensmuster, die saßen so tief ... Wie sollte ich mir zum Beispiel etwas Gutes tun? Ich kannte keinen anderen Weg, als mit einem Mann zu schlafen. Nur dann fühlte ich mich wertvoll, angenommen und geschützt. Und was sollte ich tun, wenn ich etwas Materielles brauchte? Seit ich denken konnte, war es der normalste Weg, zu lügen und zu stehlen. In unserer Familie hatte es dazu ungeschriebene Leitsätze gegeben, an die wir uns immer hielten: Wenn du stiehlst, tue es nur in großen Kaufhäusern, und nimm nur die Dinge, die die Familie wirklich braucht. Lügen ist dann richtig, wenn du dadurch dich oder deine Familie schützt oder ihr Vorteile verschaffst. Ich wusste nicht, wie ich Spaß haben und gleichzeitig nach der Bibel leben konnte. Spaß bedeutete für mich Leben, und Leben hieß Fühlen. Ich sagte deshalb Jesus, wie leid es mir täte, dass ich kein Christ sein kann, und dass ich in mein altes Leben zurückginge. Dann packte ich meinen Schlafsack und trampte nach Zürich, um mir Drogen zu kaufen. Normalerweise brauchte ich einen ganzen Tag, um dort anzukommen, doch an diesem Tag hielten zwei schnelle Autos mit sportlichen Fahrern, so dass ich schon am frühen Nachmittag in Zürich war – gerade rechtzeitig, um von einer christlichen Gruppe, die jeden Samstag für vier Stunden in einem Park eine Art Teestube aufmachte, angesprochen zu werden. Sie fingen gleich an, mir von Jesus zu erzählen, aber ich lief weinend weg, ohne etwas sagen zu können. Als ich mir dann Drogen kaufen wollte, bekam ich auf einmal so eine Angst, dass ich meinen Mund nicht aufbekam. Es war eine richtig unheimliche Situation. Ich flehte Gott an: Bitte, mach, dass noch jemand von den Christen da ist, wenn ich zum Park zurückkomme! Ich hatte plötzlich Angst, dort zu übernachten, obwohl so etwas für mich vorher nie ein Problem gewesen war.

Ich rannte zurück, und tatsächlich standen da noch zwei Frauen von der christlichen Gruppe. Sie waren im Park geblieben, weil sie das Empfinden hatten, jemand würde noch ihre Hilfe brauchen. Ich ging mit einer der Frauen zu ihr nach Hause, und wir redeten bis tief in die Nacht hinein. Am nächsten Tag besuchten wir den Gottesdienst. In der Predigt ging es um Veränderung: Nicht wir müssen uns ändern, Jesus ändert uns. Denn nur er hat die Kraft dazu, sagte er Pastor.

Ermutigt fuhr ich wieder nach Norddeutschland und ging am Sonntag in meine Gemeinde, um zu erfahren, wie ich wieder in ein normales Leben kommen konnte. Nach dem Gottesdienst beteten einige Leute für mich, erklärten mir, wie wichtig es ist zu vergeben und dass ich Jesus um alles bitten solle. Doch das Wichtigste war nicht, was sie sagten. Das, was mich tief bewegte, war zu fühlen, dass sie an mich glaubten. Heute weiß ich, dass sie an Jesus in mir glaubten.

Kurz danach träumte ich, dass ich ein Telefonbuch aufschlage, unter „Altenheime" nachsehe und die dritte Adresse anrufe. So tat ich es und bekam auch gleich eine Anstellung als Altenpflegehelferin.

Mein Leben veränderte sich nach und nach. Es füllte sich mit Freude und Hoffnung, und ich hatte das Gefühl, mein Herz sei überhaupt erst jetzt wieder in der Lage, richtig zu schlagen. Es war wie ein langsames Gesundwerden nach einer langen schweren Krankheit. Und jeden Tag, eigentlich dauernd sprach ich mit meinem Arzt, Jesus.

Einige Jahre arbeitete ich als ungelernte Kraft im Altenheim. Als ich mich eines Tages bei einem anderen Heim bewarb, bekam ich eine Einladung zum Vorstellungsgespräch – allerdings nicht bei dem Heim, sondern bei einer Wiedereingliederungsgruppe für psychisch Kranke. Dort hatte ich mich gar nicht beworben, aber die Verantwortliche dieser Gruppe hatte meine Bewerbung „zufällig" auf dem Schreibtisch des Altenheims gesehen. Ich ging zum Gespräch, wurde genommen und hatte endlich meinen Platz gefunden. Nach kurzer Zeit gehörte ich zu den Säulen im Betrieb. Meine Chefin glaubte an mich und ermutigte mich: Machen Sie doch Ihre Ausbildung zu Ende! – Meine Ausbildung? Die hatte ich doch vor zwanzig Jahren abgebrochen. Bestimmt würde ich noch mal von Null anfangen müssen. Aber ich nahm doch Kontakt zum Direktor meiner ehemaligen Fachschule auf. Er war damals mein Klassenlehrer gewesen und konnte sich noch an mich erinnern, weil ich drei Monate lang meine kleine Tochter zum Unterricht mitgebracht hatte, von ihrer dritten Lebenswoche an. Er machte mir nicht viel Hoffnung, da sich die Ausbildung zur Erzieherin verändert habe, aber er versprach, mit dem Kultusministerium zu reden. Und das gab tatsächlich sein Okay: Wenn ich es schaffen würde, mit den anderen Prüflingen, also in drei Monaten, eine Abschlussarbeit abzugeben und mich der mündlichen Prüfung zu unterziehen, könnte ich aufgrund meiner praktischen Erfahrung das Zertifikat einer anerkannten Erzieherin bekommen. Ich bestand die Prüfung und war mit 38 Jahren keine ungelernte Kraft mehr. Ein tolles Gefühl!

Seitdem sind viele Jahre vergangen. Die Beziehung zu meinen Eltern ist wieder vollkommen hergestellt, obwohl sie immer noch Zeugen Jehovas sind. Mein Vater kam eines Tages zu mir und bat mich um Vergebung, das hat unsere Herzen wieder zusammengeführt. Auch ich habe meinen Eltern vergeben, dass sie mich oft missbraucht, alleine und ungeschützt gelassen haben. Mit der Zeit konnte ich erkennen, dass auch sie Gefangene ihrer Vergangenheit waren, das gab mir Liebe für sie. Nach einigen Jahren als Erzieherin habe ich eine zweijährige berufsbegleitende Ausbildung zum Coach gemacht. Heute berate ich Firmen in Kommunikationsfragen, coache Gruppen oder Einzelpersonen. Das hört sich vielleicht seltsam an, aber was Menschen brauchen, sind nicht Methoden, Wirtschafts- oder Finanztipps. Es ist das, was ich auch lange gesucht und schließlich gefunden habe: ehrliche Wertschätzung, jemand, der an sie und das, was sie erreichen wollen, glaubt, einen Halt, auf den immer Verlass ist.

Ulrich Giesekus

Was Denken ausmachen kann.
Und was nicht.

Dr. Ulrich Giesekus (51) ist „Klinischer Psychologe in freier Praxis", was in seinem Fall so viel heißt wie Therapeut, Seelsorger, Dozent und Referent. Außerdem ist er Ehemann und Vater von vier erwachsenen Kindern. Er lebt im Schwarzwald.

Um es gleich zu sagen: Es sind fast nie die Dinge selbst, die uns zu schaffen machen, sondern das, was die Dinge für uns bedeuten. Während der eine völlig verzweifelt vor dem Verlust des Arbeitsplatzes kapituliert und mit Suizidgedanken kämpft, sieht ein anderer in der Krise bereits die Chance zum Neuanfang. Ebenso gibt es Kinder, die die Scheidung der Eltern nicht nur problemlos bewältigen, sondern die sogar später für ihre eigene Ehe die richtigen Schlüsse aus den Fehlern der Eltern ziehen – also daraus profitieren konnten. Was wir entweder als Katastrophe erleben oder als Herausforderung anpacken, ist weitgehend eine Frage der Lebens- und Glaubenseinstellungen. Was Erfolg oder Misserfolg ausmacht, was uns dazu bewegt, stolz zu sein oder uns zu schämen – es kommt auf die Maßstäbe an, mit denen wir an etwas herangehen. Wann ist „gut" wirklich „gut genug"? Wie weiß ich, wo Hoffnung endet und Illusion beginnt? Wer setzt die Kriterien, nach denen ich entscheide, ob nur ein Scharmützel verloren gegangen ist oder ob der ganze „Lebenskrieg" in einer Niederlage endet?

Vieles von dem, was Sieg und Niederlage hervorbringt, beginnt im Kopf. Unser Denken kann uns helfen – uns aber auch üble Streiche spielen. Dazu ein Brief, den eine Studentin an ihre Eltern geschrieben haben soll[1]:

[1] Aus John Ortberg: Liebe, nach der du dich sehnst, Gerth Medien, Asslar 2006, S. 117

Liebe Mama, lieber Papa,
ich habe euch so viel zu erzählen. Wegen des Feuers, das in Folge der
Studentenunruhen in meinem Wohnheim ausgebrochen war, erlitt
ich einen zeitweiligen Lungenschaden und musste ins Krankenhaus.
Dort verliebte ich mich in einen Pfleger. Wir sind inzwischen zu-
sammengezogen. Ich brach das Studium ab, als ich merkte, dass ich
schwanger war, und er wurde wegen Trunkenheit entlassen. Deshalb
werden wir nach Alaska ziehen, wo wir vielleicht nach der Geburt
des Babys heiraten werden.
Eure euch liebende Tochter
PS: Nichts davon ist wirklich passiert, aber ich habe meine Che-
mieprüfung verhauen und wollte, dass ihr das in der richtigen Per-
spektive seht.

Unsere Katastrophen finden nicht in der Wirklichkeit, sondern
im Kopf statt. Lassen Sie mich das anhand eines eher alltäglichen
Beispiels illustrieren: Nehmen Sie einmal an, eine Nachbarin
wechselt die Straßenseite hundert Meter, bevor Sie sich begegnen
würden, und verschwindet schnell in einem Wollegeschäft. Was
denken Sie? „Aha, Frau Müller strickt auch gerne!" Oder: „Die
hat wohl was gegen mich. Versteckt sich da im Wolleladen ..."?

Was Sie *denken*, bestimmt Ihre Gefühle. Im einen Fall kann es
sein, dass Sie gespannt auf die nächste Zufallsbegegnung warten,
weil Sie selbst auch gerne stricken und doch zu gerne wüssten,
was für ein Strickprojekt Frau Müller gerade in Arbeit hat. Im anderen Fall fürchten Sie sich vielleicht vor der nächsten Begeg-
nung, weil Sie nicht wissen, was Sie falsch gemacht haben könnten. Oder Sie ärgern sich schwarz über die blöde Frau Müller. Ihr
Blutdruck geht hoch, und Ihr Herzinfarktrisiko steigt.

Nicht, dass Sie oder ich unsere Gedanken immer so ganz bewusst steuerten. im Gegenteil: Unser Denken ist gut eintrainiert,
und innere Reaktionen laufen mit der gleichen Selbstverständlichkeit und ebenso automatisch ab wie das Gangschalten beim
Autofahren oder das Gurgeln nach dem Zähneputzen. Gut geübt
eben.

Wir können lernen, anders zu denken – nur müssen wir das genauso trainieren, als würden wir von einem Schaltwagen auf ein Automatikgetriebe wechseln.

Trotzdem ist unser Denken nicht unausweichlich und unveränderbar. Wir können lernen, anders zu denken – nur müssen wir das genauso trainieren, als würden wir von einem Schaltwagen auf ein Automatikgetriebe wechseln. Wenn der Apostel Paulus den Römern schreibt: „Verändert euch durch die Erneuerung eures Sinnes!" (Römerbrief 12,2), geht er ja auch davon aus, dass 1. die „Sinne"[2] erneuerbar sind und dass 2. eine Veränderung der ganzen Person durch diese Erneuerung erfolgen kann. Also, trainieren Sie mit?

Fangen Sie mal an mit dem Satz: „Das schaff ich eh nicht." Den haben Sie ja nicht aufgrund einer einmaligen Erfahrung in den Kopf bekommen, sondern durch stetige, gebetsmühlenartige Wiederholungen. Vielleicht hat der Papa jedes Mal, wenn Sie etwas Bestimmtes probieren wollten, gesagt: „Lass mal gut sein, das mach ich schon." Oder die große Schwester hat Sie bei vielen Gelegenheiten, bei denen Sie mal etwas Neues probieren wollten, ausgelacht. Oder die Mama hatte eben immer etwas auszusetzen, selten war etwas gut genug. Bei einer „Zwei" im Diktat kam die Frage, warum Sie keine „Eins" geschrieben haben. Und so weiter.

Das alles sind Erfahrungen, die Ihnen vermittelt haben, Sie wären nun mal nicht fähig genug, leider etwas zu dumm oder etwas zu hässlich oder … oder …

Und irgendwann haben Sie dann selbst mit eingestimmt in diese Klage – wahrscheinlich in der Form der Selbstanklage: „Das war ja mal wieder klar – wenn ich in der Schlange stehe, geht das Registerband in der Kasse zu Ende." „So was Blödes kann auch nur mir passieren." „Ich hätte es vorher wissen können, dass das nicht klappen kann." Der ständige Vergleich mit jemandem, der vieles besser konnte, ist eingraviert.

---

[2] „Sinne" ist hier die Übersetzung des griechischen „nous" und bedeutet Intellekt, Verstand, Vernunft, Denken (also nicht Lebenssinn, „fünf Sinne" etc.).

Ihre intellektuellen Begabungen sind wahrscheinlich nicht so entwickelt wie die von Albert Einstein, vielleicht ähnelt Ihre Figur den Maßen eines Topmodels auch nur entfernt. Vermutlich haben Sie noch keinen Fernsehpreis gewonnen, und sicher finden Sie selbst in Ihrem Freundeskreis irgendjemanden, der besser kochen kann. Wahrscheinlich gibt es in Ihrer Gemeinde Leute, die besser reden können. Oder die wissen, wie man ein Auto repariert, was Sie vielleicht nicht können.

Ob Sie also mit sich zufrieden sind, hängt von den Maßstäben ab, die Sie anlegen. Vielleicht sehen Sie ja mindestens so gut aus wie Albert Einstein oder können besser kochen als das Topmodel? Was glauben Sie, würde passieren, wenn es gelingen würde, mit der ganzen Vergleicherei aufzuhören!? Ich kann mir vorstellen, dass Sie jetzt denken: „Leichter gesagt als getan." Sehen Sie, Sie machen es schon wieder: Das schaff ich eh nicht. Aber fangen Sie doch mal damit an: Jedes Mal, wenn Sie sich dabei erwischen, wie Sie sich unvorteilhaft vergleichen, denken Sie „STOPP! Ich bin ich, und vieles an mir könnte viel schlimmer sein!"

Fakt ist: Es könnte *alles* viel schlimmer sein. Aber diese Feststellung kommt selten automatisch. Wir haben nicht tausendmal gehört: „Das machst du ja schon ziemlich gut!" Stattdessen haben wir – so die Ergebnisse einer Studie der Harvard-Universität – bis zum 18. Geburtstag zirka 150.000-mal gehört: „Das schaffst du nicht!" „Du bist zu klein" oder „Das kannst du nicht." Und deswegen müssen wir auch „die Erneuerung unseres Sinnes" üben, üben, üben. Zum Beispiel mit Gedankenstopp.

Wenn Sie die Baustelle eine Nummer größer machen wollen, nehmen Sie sich jeden Tag etwas Zeit, um in einem Tagebuch aufzuschreiben, was Ihnen heute gut gelungen ist. (Die misslungenen Dinge erinnern Sie sowieso – es gibt also keinen Grund, sie auch noch aufzuschreiben). Vielleicht er-

Nehmen Sie sich jeden Tag etwas Zeit, um in einem Tagebuch aufzuschreiben, was Ihnen heute gut gelungen ist.
(Die misslungenen Dinge erinnern Sie sowieso.)

gänzen Sie dieses kleine Schreibfest mit einem herzlichen „Danke" nach oben, denn alle diese schönen Begabungen kommen ja von irgendwo her.

Sie sind als Original geboren. Wenn Sie sich zu häufig mit anderen vergleichen, könnte es allerdings passieren, dass Sie als Kopie sterben. Das Original unterscheidet sich von der Kopie zum Beispiel dadurch, dass das Original signiert ist. Die Unterschrift des Schöpfers sagt: „Ich stehe zu meinem Geschöpf – da steht mein Name drauf." Wussten Sie schon, dass das Wort „signieren" vom Lateinischen „signare" (unterschreiben) kommt, wie auch das Wort „segnen"? Sie tragen die Handschrift Ihres Schöpfers: Sie sind gesegnet.

Eine wichtige Studie des Humanwissenschaftlers Frederic Kanfer hat untersucht, wie sich die Selbsteinschätzung depressiver Patienten von der gesunder Menschen unterscheidet. Das Ergebnis: Je zentraler und wichtiger die Aufgabe ist, bei der die untersuchten Teilnehmer sich einschätzen mussten, desto weiter ging die Schere auseinander. Auch deprimierte Menschen trauen sich „unwichtige" Dinge oft zu – aber wenn es um die wirklich wichtigen Fragen des Lebens geht, sind sie ungleich häufiger von Selbstzweifeln geplagt. Bei der Fähigkeit, Liebesbeziehungen zu leben, trauen sie sich am wenigsten zu. In anderen Worten: Je größer die Herausforderung ist, die sich uns stellt, desto mehr sind wir auf „Gedankenhygiene" angewiesen, desto mehr müssen wir unsere Ressourcen und Fähigkeiten realistisch einschätzen, und desto wichtiger ist es, der depressiven Resignation innerlich Paroli zu bieten.

Natürlich sind resignative Selbstzweifel immer auch Akte der Selbstsabotage. Die „sich selbst erfüllende Prophezeiung" funktioniert wohl nirgends besser als in der Liebe: Wer sich nicht für liebenswert oder liebesfähig hält, kann Liebe nicht gut schenken oder annehmen. Was das Gefühl, nicht beziehungsfähig zu sein, weiter verstärkt. Die Katze beißt sich in den Schwanz. Aber auch in Sachen Berufserfolg oder bei allen andere Vorhaben spielt die

Hoffnung auf Erfolg eine entscheidende Rolle in der Motivation. Das heißt: Wer nicht hofft, hat schon verloren.

Barack Obama hat als Kandidat für die US-amerikanische Präsidentschaft anlässlich des Martin-Luther-King Gedenktages die Predigt in der Ebenezer Baptist Church in Atlanta, Georgia gehalten – also dort, wo Martin Luther King selbst Pastor war. Sein Predigttext: Der Einsturz der Mauern von Jericho (Josua 6). Obamas Fazit: Es brauchte eine Menge Hoffnung für das ganze Volk Israel, um sieben Tage lang mit Trompeten und Posaunen um die Stadt zu marschieren. Und es brauchte eine Menge Hoffnung für Martin Luther King und seine Mitstreiter, angesichts von Gefängnis und staatlicher Gewalt den Bus-Boykott nicht aufzugeben. Nicht zuletzt brauchte wohl auch Obama selbst eine Menge Hoffnung, und es werden genügend Leute da gewesen sein, die ihm einen Misserfolg prophezeiten: Der Sohn einer alleinerziehenden Mutter, aus Not jahrelang bei den Großeltern aufgewachsen, aus einfachen Verhältnissen und mit einer teilweise sehr problematischen Teeniezeit hatte zum Zeitpunkt dieser Predigt bereits die etablierten Siegertypen aus dem Rennen geworfen: „I needed some hope to get here." Kaum jemand wäre überrascht gewesen, wenn Obama ganz woanders als im Weißen Haus gelandet wäre, doch seine Hoffnung hat ihn nicht betrogen.

Vermutlich haben Sie nicht die Hoffnung, weltberühmt zu werden. Wahrscheinlich müssen Sie auch nicht annähernd so schwere Prüfungen meistern wie die Frauen, deren Lebensgeschichten dieses Buch geschrieben hat. Aber vermutlich brauchen Sie für Ihren ganz normalen Alltag auch Mut, Hoffnung, Zuversicht und Optimismus. Üben Sie also das Zufriedensein mit Ihrem Selbst und das daraus entstehende Selbstvertrauen! Hängen Sie sich einen Zettel an den Kühlschrank, auf dem steht: „Alles im grünen Bereich. Du auch." Oder schreiben Sie sich auf den Badezimmerspiegel: „So sieht ein Mensch aus, den Gott gemacht hat." Im Auto „Relax! Wer schneller lebt, ist früher fertig." Und als

Bildschirmschoner am Arbeitsplatz … ach, den Satz, den Sie dort brauchen, finden Sie am besten selbst. Sie können das!

Aber: Machen Sie sich auch klar, dass das Normalmaß okay ist. Wir müssen keine Helden in der Liebe, im Beruf, im Glauben oder im Leben sein. „Ich bin ein ganz normaler Mensch mit Stärken und Schwächen, so wie die meisten anderen auch. Echt liebenswert. Liebenswert echt." Und lassen Sie sich nicht von den Hochleistungsfanatikern verrückt machen.

Im Frieden mit sich selbst zu leben, bedeutet nicht „angekommen sein", sondern „unterwegs sein".

Im Frieden mit sich selbst zu leben, bedeutet nicht „angekommen sein", sondern „unterwegs sein".

Mit anderen Worten: Unsere Selbsteinschätzungen müssen möglichst realistisch sein, damit wir die besten Entscheidungen treffen und unsere Gefühle uns nicht ständig Knüppel zwischen die Beine werfen. Sich selbst zu unterschätzen, ist dabei die eine Gefahr. Die andere – sich zu überschätzen – ist ebenso gefährlich.

Kein Trick 17 mit Selbstüberlistung – Warum „positives Denken" nicht funktioniert

> „Wenn einer, der mit Mühe kaum
> gekrochen ist auf einen Baum,
> vermeint, dass er ein Vogel wär,
> so irrt sich der."

Das stellte schon Wilhelm Busch fest. Und zweifelsohne stimmt das bis heute. Oft sind unsere Zielsetzungen schwarz-weiß: Wenn ich kein Superheld bin, bin ich ein Versager. Was für ein Psychoterror! Die wahren „Helden des Alltags" sind ja nicht nur die, die eine schwere Krankheit besiegt haben – sondern auch die, die vergeblich kämpfen mussten. Nicht nur solche, deren Ehe heftige Stürme überlebt hat und daran stark geworden ist – sondern auch jene, deren Ehe trotz allem gescheitert ist. Menschen, die damit klar kommen müssen, dass Plan A beerdigt ist und nun

Plan B greifen muss. Oft braucht das Umgehen mit Misserfolg viel mehr Kraft, Mut und Weisheit als das zähe Durchhalten bis zum Erfolg.

Manche Christen haben sich ihre neurotischen Durchhalteparolen auch religiös untermauert. „Wenn ich keine Zweifel an meiner Gesundung aufkommen lasse, wird Gott mich heilen." Als ob Gottes Wunder sich durch die Stärke heldenhaften Glaubens erzwingen ließen! Wie passt das zu dem Gott, der selbst seine Solidarität mit der Menschheit darin beweist, dass er elend umkommt? „Steige herab vom Kreuz, wenn du Gottes Sohn bist!", so der Spott der Umstehenden. Natürlich hätte Jesus Armeen von Engeln befehlen können, aber der Erfolg seiner Mission war eben nicht der sichtbare Triumph über alle Feinde, sondern der Gehorsam dem himmlischen Vater gegenüber.

Die schlimmsten Enttäuschungen folgen nicht selten den schlimmsten Täuschungen. Ich denke da an zwei 11 und 14 Jahre alte Kinder, die fassungslos am Grab ihrer Mutter standen. Sie hatten sich, obwohl ihre Mutter sehr lange krank gewesen war, nicht von ihr verabschieden können. Bis ins Koma war sie fest überzeugt gewesen: Gott wird ein Wunder tun und den Krebs besiegen. In der irregeleiteten Überzeugung, dass jeder Zweifel ein Wunder Gottes verhindern könnte, war jede realitätsbezogene Frage von der Sterbenden zum todbringenden Unglauben deklariert worden. Und dann standen die hinterbliebenen Kinder mit dem Gefühl da, vielleicht doch nicht stark genug geglaubt zu haben und damit am Tod der Mutter mit schuld zu sein.

Ähnlich geht es dem Inhaber eines Unternehmens, der die Insolvenz seines Betriebes nicht wahr haben will. Mit Krediten aus der Familie und von Freunden vergrößert er nicht nur den Schaden, sondern ist dabei, durch den Insolvenzbetrug genau die Beziehungen zu zerstören, die er nach der Insolvenz noch dringend brauchen wird.

Unsere Aufgabe ist es, uns im Leben von der Wahrheit leiten zu lassen. „Das schaffst du sowieso nicht!" ist meistens eine Lüge, die andere und die wir uns selbst suggerieren. „Na klar schaffst du das. Du musst nur dran glauben!" kann genauso gelogen sein. Für beide Lügen zahlen wir oft einen hohen Preis. Wissenschaftliche Studien zeigen, dass „positives Denken" ebenso schädlich ist wie „negatives Denken". Die Erfolgsdevise heißt: Augen auf! Nimm deine Stärken und Schwächen realistisch wahr! Lass dich weder von Unkenrufen noch von Wohlstandspropheten in die Irre führen, und habe manchmal den Mut, auch ein Scheitern zu riskieren.